DISCLAIMER

The author and publisher are providing this book and its contents on an "as is" basis and make no representations or warranties of any kind with respect to this book or its contents. The author and publisher disclaim all such representations and warranties, including but not limited to warranties of merchantability. In addition, the author and publisher do not represent or warrant that the information accessible via this book is accurate, complete, or current.

Except as specifically stated in this book, neither the author nor publisher, nor any authors, contributors, or other representatives will be liable for damages arising out of or in connection with the use of this book. This is a comprehensive limitation of liability that applies to all damages of any kind, including (without limitation) compensatory; direct, indirect, or consequential damages; loss of data, income, or profit; loss of or damage to property; and claims of third parties.

Extra Graphic Material From: www.freepik.com
Thanks to: Alekksall, Starline, Pch.vector,
Dgim-studio, Upklyak, Macrovector
& Freepik.com Designers

This Book Offers Free Bonus Puzzles
Available Here:

BestActivityBooks.com/WSBONUS20

5 TIPS TO START!

1) HOW TO SOLVE

The Puzzles are in a Classic Format:

- Words are hidden without breaks (no spaces, dashes, ...)
- Orientation: Forward & Backward, Up & Down or in Diagonal (can be in both directions)
- Words can overlap or cross each other

2) LEVEL UP THE GAME!

A space is provided next to each word to write new ones, translations or notes. We also offer a convenient **NOTEBOOK** at the end of this edition. It can help you organize your annotations, new words and/or observations.

3) TAG YOUR WORDS

Have you tried using a tag system? For example, you could mark the words which have been difficult to find with a cross, the ones you loved with a star, new words with a triangle, rare words with a diamond and so on...

4) EASY TO CUT!

The Puzzles come with an Extra Large margin to easily cut the page out of the book. Some people may feel it more convenient to solve them this way.

5) FINISHED?

Go to the bonus section: **MONSTER CHALLENGE** to find a free game offered at the end of this edition!

Want **more fun** and activities to **relax? It's Fast and Simple!** An entire Game Book Collection **just one click away!**

Find your next challenge at:

BestActivityBooks.com/MyNextWordSearch

Ready, Set... Go!

Did you know there are around 7,000 different languages in the world? Words are precious.

We love languages and have been working hard to make the highest quality books for you. Our ingredients?

One part easy-to-read print, three parts entertainment, then we add some challenging words and a pinch of rare ones. We brew them with care to serve you lots of fun and an opportunity to solve the best puzzles.

Your feedback is essential. You can be an active participant in the success of this book by leaving us a review. Tell us what you liked most in this edition!

Here is a short link which will take you to your Amazon orders review page.

BestBooksActivity.com/Review50

Thanks for your fidelity and enjoy the Game!

Delta Classics Team

Puzzle 1

```
S  Q  J  Z  A  S  T  A  S  T  U  L  S  S  H
D  P  K  W  Q  T  F  U  L  L  O  R  T  S  Å
Y  X  E  L  K  O  M  K  U  S  Q  S  L  K  R
P  Y  E  L  H  P  H  O  G  U  H  S  I  Å  D
A  K  U  T  P  P  C  M  N  O  M  M  O  L  P
U  K  P  L  X  A  L  P  X  I  L  O  E  I  G
H  S  K  Z  B  D  U  L  O  O  P  G  K  G  Q
V  A  L  P  D  E  M  I  P  R  U  J  D  Å  R
B  J  C  F  A  T  A  C  U  U  D  U  V  O  H
A  N  A  V  G  F  D  E  G  G  R  W  O  X  V
F  X  U  J  S  O  T  R  O  K  S  A  L  F  C
V  G  N  I  N  T  S  A  K  V  A  W  B  U  G
U  E  O  M  N  X  V  D  R  B  H  N  L  E  C
G  R  O  D  A  L  L  Å  H  R  E  D  N  U  K
```

FLASKOR	HÅRD
VALP	PIN
TROLL	AKUT
RÅDJUR	LUFT
PLOMMON	AVKASTNING
SLUTSATS	GRODA
DAG	SKÅL
GUL	SPEL
UNDERHÅLLA	KOMPLICERAD
ORD	STOPPADE

Puzzle 2

```
M Ö T S A C K R O Q P G R M I
T N C C L N E N I J Z Z U O N
S K F O Å J K O R D N F N R D
J K S F N I L E M R E H T A U
P T U J G V I S T E L S E L S
F I K L T O K X M J O V Z I T
A K N A L K J K Y Å S Z D S R
L E B R R E T T Ä R N L K K I
S Ö V N I N G T B E A A M T N
K Z D W N K W A Ö I L M D I E
F Ö R W D T Z B P K L O F E D
Z Z P R T M A S P L Ä J H Z N
F U N G E R A R A I S B U E R
F W Q A R K T I S K A O H A W
```

INDUSTRIN
FALSK
VISTELSE
SÄLLAN
MORALISK
RÄTTER
MÖTS
ÖVNING
SKULLE
KÖTT

FUNGERAR
HERMELIN
RUNT
FÖR
SOLEN
ARKTISKA
MÅNADEN
LÅNGT
ANKA
HJÄLPSAMT

Puzzle 3

```
M  R  A  M  M  I  T  L  A  P  E  R  P  P  U
Ä  Y  Ö  G  S  J  D  O  D  L  D  H  V  E  R
C  G  G  R  P  D  G  T  M  A  N  E  A  K  R
Z  S  G  G  E  A  B  N  I  N  E  L  R  M  Q
A  H  O  E  A  L  R  L  N  T  Å  I  I  H  Q
L  A  D  N  U  R  S  A  I  B  G  K  A  I  U
M  V  V  L  L  N  S  E  S  P  E  O  T  D  G
S  S  L  L  B  C  N  W  T  U  R  P  I  R  R
T  L  D  T  L  K  C  Y  R  T  Ö  T  O  G  A
A  Ö  U  G  F  Ö  D  D  A  L  F  E  N  U  F
V  J  L  A  T  E  D  Y  T  X  T  R  J  L  E
A  A  R  T  T  Ä  L  K  I  H  A  G  E  L  C
F  R  K  P  F  E  H  P  O  O  V  W  N  O  V
K  U  P  É  M  C  D  O  N  N  Z  H  G  P  C
```

FÖDD	AVSLÖJAR
TIMMAR	GRAF
HAGEL	UPPREPA
RUNDA	MYGGA
VARIATION	HELIKOPTER
TRYCK	RÖRELSE
ÄGG	DETALJ
KUPÉ	STAVA
KLÄTTRA	ADMINISTRATION
FÖREGÅENDE	PLANT

Puzzle 4

```
F  Ö  R  B  Ä  T  T  R  A  Z  S  Y  B  I  A
O  R  L  H  U  J  E  P  L  F  T  S  U  B  R
M  O  N  S  T  E  R  I  L  Y  Ö  B  E  S  T
M  O  T  O  R  C  Y  K  E  L  D  N  A  T  I
F  T  R  Ä  N  A  R  E  L  M  J  W  F  O  K
V  O  S  B  O  S  A  T  T  A  A  U  Q  U  E
S  S  R  R  I  K  T  I  G  T  C  P  X  Z  L
P  O  S  S  B  E  R  Ä  T  T  I  G  A  D  E
E  C  J  T  K  A  V  S  N  I  T  T  U  D  O
L  I  U  Z  S  N  A  T  S  B  U  S  B  U  X
A  A  K  X  P  E  I  H  O  C  K  E  Y  B  R
R  L  D  H  G  T  Y  N  J  E  N  K  B  B  T
V  G  O  Q  V  I  R  T  G  I  D  I  T  E  L
W  M  M  C  O  L  O  V  I  S  P  U  V  L  I
```

BOSATTA	SUBSTANS
MONSTER	MOTORCYKEL
TIDIGT	TRÄNARE
RIKTIGT	STÖDJA
TAND	AVSNITT
FÖRBÄTTRA	FORSKNINGS
ARTIKEL	BERÄTTIGADE
SJUKDOM	DUBBEL
LITEN	SOCIAL
HOCKEY	SPELAR

Puzzle 5

```
F  R  Ä  V  C  V  T  D  D  N  L  S  S  M  G
L  L  A  I  N  Z  A  U  Q  C  Y  T  R  I  Y
A  A  I  K  G  N  J  G  L  M  Y  T  E  N  N
S  T  R  C  M  E  L  U  E  P  S  W  G  S  N
T  T  E  F  K  R  I  C  K  Y  A  X  E  K  S
B  U  D  V  W  O  S  J  C  N  Q  N  R  N  A
I  Y  O  V  M  S  R  X  Y  L  S  D  I  I  M
L  D  M  E  C  J  E  F  N  C  O  E  N  N  Z
M  Z  V  E  T  U  P  X  U  F  I  J  G  G  J
K  Q  F  P  N  K  T  C  M  Q  R  P  S  D  L
Ö  V  E  R  R  A  S  K  A  D  E  A  T  X  X
O  C  J  T  R  G  S  E  R  G  D  Q  I  Z  C
R  Y  G  G  C  Z  O  H  H  P  Ä  É  D  I  M
S  T  Å  E  N  D  E  B  C  Y  V  N  L  Z  S
```

GYNNSAM	MINSKNING
NYCKEL	LYX
LASTBIL	RYGG
UTTAL	MEN
REDO	NER
TULPAN	RÄV
ÖVERRASKADE	STÅENDE
PERSILJA	SJUK
FLICKOR	REGERINGSTID
IDÉ	VÄDER

Puzzle 6

```
T U N G E G L B Y R L I Z C M
F Ö R L Ä N G A R Ä B E N N I
S N X N C R L K K Y L I R X G
R E Ä B Z K A C F E T E B R A
E T K T S Z W A R J W A Q L T
D T D R V N K N Ä U H K K O E
A O U T E E B K K S M C R T R
R B H D T T R W N Å O A K Ö
G J A C K A E K A E L L F A F
S J Ä L V V G R S R T K T V W
X T H N Z F V L A A I T Y M L
C M A G L Ö D U Z R D R J X Q
R H X P Y G O Q F X E S A Z T
S V A F Ö R E L I G G A N D E
```

ARBETE	TUNG
KRAFT	KNACKA
NÄTVERKS	FÖRLÄNGA
GRADERS	GLÖD
SJÄLV	BRYTA
BOTTEN	RÄKNA
INNEBÄRA	FÖRELIGGANDE
SEKRETERARE	KLOCKA
JACKA	MÅLTID
FÖRETAG	JUSTERA

Puzzle 7

```
N O C T A S R O S O O M D Q S
G N U E X J L G V Y W H U T P
D O L J I U L G A C X P N N E
R L D N I N A K J U D L K E T
A R Z I N D V Q L B E V O T S
M U J L S E R F U L K I R T I
A T V D F K E L K W G T R A G
T T Z B S Å T S R Ö F K I N A
I N C U G O N A V K D A G I C
S A J U K S I Q K R Q R E N J
K S K I C K L I G H E T R N W
S T Y D L I G A Y N Q T A A W
S K I C K A D E W E Y A T N S
E C B M O N T E R I N G N U O
```

ATTRAKTIV	KANIN
SJUNDE	MUN
UTTER	INTERVALL
INNAN	MONTERING
LINJE	DRAMATISK
GODIS	NATTEN
SKICKLIGHET	UNG
RUTTNA	TYDLIGA
SKICKADE	KORRIGERA
SPETSIGA	FÖRSTÅS

Puzzle 8

```
H  C  N  H  G  K  O  A  B  Ä  T  T  R  E  M
L  Y  N  M  M  H  L  R  R  N  M  H  O  O  I
Ä  T  G  Z  B  G  K  Ä  B  L  Y  H  B  B  L
K  M  X  C  G  F  R  N  N  K  A  K  A  O  J
E  R  A  T  S  Ä  M  V  L  N  G  A  M  K  Ö
M  O  Y  Z  J  V  J  Ä  Ä  Y  I  X  O  L  A
E  T  J  U  K  F  B  L  C  W  L  N  D  E  M
D  A  L  G  X  D  P  J  K  B  N  R  G  B  L
E  L  S  K  E  D  A  A  E  V  A  H  I  A  G
L  Y  S  X  A  L  P  B  R  Z  M  O  T  I  F
K  K  O  H  V  K  P  G  R  D  Q  U  T  R  X
E  L  R  R  H  N  E  A  B  Y  E  W  A  A  V
A  A  K  Q  M  V  R  V  J  C  R  P  F  V  J
Y  K  C  R  D  X  S  S  T  A  V  N  I  N  G
```

FATTIGDOM	PAPPERS
VÄLJA	KAKAO
MANLIGA	LÄKEMEDEL
KLÄNNING	MED
LÄCKER	STAVNING
KALKYLATOR	TVEKA
BRYR	SKED
VARIABEL	BÄTTRE
MILJÖ	SORK
NÄRA	MÄSTARE

Puzzle 9

```
O W G I L P M Ä L F Z X Y F M
X M O F I D G C D U M G O R O
D I N N L B R Y N Z V D X I D
R L A Ä A B E H A N D L A V I
U G Ä F M Q C U R A J H N I F
F P G C X N F I G U R E N L I
L U P L K K A K R A S C H L E
Ä V D E Q A Z N O R T I C I R
C R U S N U U E D I C H Z G A
K Y W G K B W G A E C H E C K
I H X N I A A E N E I U C Y B
G W L Ä I N D R A D N A T S X
N R U T L U K A T S G Ö H E R
N Y Z S F M K H Z S T J Ä L A
```

LÄCKA	BEHANDLA
STJÄLA	LÄMPLIG
STANDARD	FIGUR
FLÄCKIG	LILA
KRASCH	STÄNGSEL
FRIVILLIG	GRAND
CITRON	MODIFIERA
EGEN	CHECK
HÖGSTA	UPPENBART
KULTUR	OMNÄMNANDE

Puzzle 10

```
S  B  U  U  P  T  R  E  J  N  A  T  S  A  K
V  Q  D  X  V  U  T  S  U  L  R  Ö  F  Q  E
Å  N  A  T  Å  L  V  B  T  C  D  H  C  C  O
R  E  N  O  L  R  Ä  I  T  C  E  Z  A  H  F
T  W  N  G  X  G  T  I  E  D  R  U  M  U  S
B  T  Ä  N  I  K  T  P  K  B  Ö  W  F  R  E
F  O  R  M  E  L  L  T  V  L  F  G  Y  V  C
M  M  B  J  C  Ö  M  A  V  B  R  O  T  T  S
S  T  E  G  G  J  A  U  O  D  X  Q  S  Y  S
X  E  W  P  H  M  U  A  R  E  D  N  E  P  S
M  A  R  K  E  N  K  B  U  G  R  Y  N  B  V
O  A  V  S  E  T  T  A  M  I  L  K  Q  L  Å
N  X  E  O  Y  X  C  E  V  R  U  R  F  S  R
M  P  P  Z  L  I  K  A  T  E  G  O  R  I  T
```

STEG	LÅTA
VÅRT	AVBROTTS
FÖREDRA	FORMELLT
BRÄNNA	HUR
SPENDERA	SVÅRT
GRUMLIG	FÖRLUST
MARKEN	TVÄTT
KASTANJER	SEN
KATEGORI	MJÖLK
KLIMAT	OAVSETT

Puzzle 11

```
B L U E A D F H Z R J Q H L R
K M P M P N H O W N A B N I E
V E P J L Ä V Ä J B T N I S P
J D G L A K U Ä N L S N Z T R
S E I A T E Z K N G G U M A E
N L F U S V B E I D E F U I S
Ä B T K M V Y F C A B F F P E
L K Ä N S L A K V R E A A A N
L L S Q U V W O W O Y R R R T
X Ö J L I M S V I L V I U T E
L L J U S A M M A R O G X N R
D F G L D Q A H L Ö L M Y E A
X P M P I N C D W F Y E G R R
E X T E R N A G N Å M T Z A F
```

PARTNER	EXTERNA
ANVÄNDBAR	REPRESENTERAR
SAMMA	GIRAFF
MUGG	LJUD
FÖRLORAD	MÅNGA
LISTA	HÄNGE
MEDEL	PLATS
LIVSMILJÖ	VOLYM
UPPGIFT	SNÄLL
VÄLJ	KÄNSLA

Puzzle 12

```
G R I P A N D E T G I T R A F
T A S B F A R L I G T R X B D
O S N F E G R A D V I S N G N
R S Z P I F F Ö R Ä L D R A R
K I U E A E O Q O T T E N Q S
A V J Y L S N L A T F O J P Ä
D V T L G X S D K Å K S U K L
B X D S G W B A E N W J U L J
V R C C U W W N D N I R T O A
A N T A L E T S U E G N R K R
F Ö R Ä N D R I N G U A G T E
E L L P F Ö R V Ä N T A R S N
I R I I Y C M A N Z F J O Q X
X U W U S W G S Y G T D R Y O
```

OFTA	SÄLJAREN
TORKAD	GRADVIS
ANPASSADE	FARLIGT
FÖRVÄNTAR	NÅTT
ANTALET	ARTIGT
UGGLA	KLOKT
FÖRÄLDRAR	MAN
GRIPANDET	NETTO
VISSA	FÖRÄNDRING
BEFOLKNINGS	FIENDEN

Puzzle 13

```
V K P D K J H T R Q J Ö N K Z
Ä S O L N E D G Å N G V Ä T X
G I Y I S R M Q Q A S E M R O
D F L R M A N A V B G R N A M
M X Y Ä B M A L A A U R A S V
K Ö W J L O Z E L S R A R A Ä
C A J F G D E O T G K S E K N
I G B L N E W P E X A K W C D
W L U I I O Y A R T O N I E A
O Q R M N G R R N U D I F L L
H H X F R R T D A H F N T M K
P M H S A U T D T Q H G A R O
J A I J V L N G I T Ä N K A H
K L M Ö T T O D V Z K P P F C
```

ÖVERRASKNING	VARNING
LEOPARD	BAS
ALTERNATIV	NÄMNARE
VANA	SJÖ
OMVÄND	VÄG
CHOKLAD	FJÄRIL
GURKA	MÖJLIGT
KABIN	TÄNKA
DOMARE	TRASA
SOLNEDGÅNG	FISK

Puzzle 14

```
M  J  U  K  B  B  E  D  R  I  F  T  T  N  I
M  N  E  U  I  O  T  G  X  V  K  J  I  G  R
D  E  M  B  S  N  R  O  E  P  K  V  L  E  R
N  A  K  R  O  Q  O  T  D  L  I  E  L  N  I
Ä  A  B  C  R  M  P  A  A  X  E  V  G  E  T
P  P  E  B  V  Z  X  V  M  L  R  X  Å  R  E
S  V  A  R  A  O  E  I  A  L  L  D  N  A  R
A  X  C  V  E  G  N  R  R  S  Y  Y  G  T  A
H  D  X  S  U  N  A  P  K  V  D  M  H  I  T
L  L  M  I  L  T  E  M  E  T  S  Y  S  O  E
T  R  A  G  I  S  K  C  L  C  F  G  H  N  N
C  O  C  K  T  A  I  L  J  A  M  J  V  Z  T
K  Y  L  I  G  A  C  M  K  Y  N  F  X  P  R
Z  O  Q  A  X  X  J  N  A  W  E  M  C  Z  É
```

ENTRÉ	EXPORT
COCKTAIL	LIE
MJUK	ORKAN
BORTA	TILLGÅNG
HYLLA	SVARA
GAMLA	GENERATION
BEDRIFT	KRAMADE
IRRITERAT	SPÄND
TRAGISK	SYSTEMET
PRIVAT	KYLIGA

Puzzle 15

```
M  P  K  B  G  V  U  S  M  H  O  C  F  Q  F
J  Ö  C  S  I  D  D  M  H  N  R  U  O  W  Ö
W  H  J  M  E  N  I  N  G  Ä  P  W  R  H  R
O  L  E  L  L  I  V  A  A  Z  R  B  M  O  L
B  I  A  A  I  O  B  K  D  S  J  R  G  F  Å
E  O  P  T  F  G  E  U  E  G  N  A  R  O  T
N  J  K  L  V  D  H  U  R  Y  B  R  C  S  A
U  O  V  I  N  L  F  E  F  Y  G  Ö  H  T  B
K  O  N  T  R  A  S  T  T  X  K  F  I  O  L
Y  V  O  A  B  T  A  B  E  G  L  T  P  P  Y
U  V  H  L  P  N  H  Q  D  U  J  U  S  P  G
X  C  Q  W  H  E  C  O  W  B  O  Y  Q  A  S
H  G  A  W  U  M  D  U  V  H  J  A  E  C  A
U  T  R  O  L  L  S  L  Ä  N  D  A  L  F  M
```

FÖRLÅTA	KAN
FORM	HÄR
COWBOY	MENING
VILLE	TAL
BLYGSAM	VIN
UTFÖRA	MÖJLIGHET
KONTRAST	STOPPA
BOK	ORANGE
FREDAG	CHIPS
TROLLSLÄNDA	MENTAL

Puzzle 16

```
U N D E R S Ö K N I N G R W K
D S L K A Z O H A J I L E F O
A G I X T K B C R Å F I S L N
N N M R E V I R E F O N U E S
E I S V B X G K T A D T L X T
M N G V R E L A A X N E T I A
O K J P A W R J L Z A L A B N
R Ö H S V R G P E N C L T E T
P S S B A H I Z R Q A I D L W
F A V O R I T G U I J G R T X
S O U T R O P I S K A E L P Z
M M F Ö R B J U D A N N D N I
Y J I G A D D I M R E T F E D
F O U P T U M L D V J A W H N
```

TROPISKA	FLEXIBELT
FAVORIT	SÖKNING
MILD	ANSVARIG
RELATERA	UNDERSÖKNING
GALNA	FÅR
FÖRBJUDA	RESULTAT
PROMENAD	INTELLIGENTA
ARBETAR	OCEAN
KONSTANT	TUM
EFTERMIDDAG	RIVER

Puzzle 17

```
R U L C W R E T S N Ö M O K S
A T I L V O B F I Y T A N A C
P B N N X X V W N S Q K M M H
B R R O N D E B N I M I U P E
J O F J G E W L E W W V S A M
C T P V R G H I P L X D I N A
F T W Z V C R Å Q K J N K J G
G N O L L A B A L R X U A S R
E Q R O R T E B N L Z N L D E
L T E X T P M J Q T P Z I S N
É Z B O R D F Ö R R Å D S Q T
G I E K O Z N T B W A O K Y D
S H F R K C O L F F I E I L T
R C H I T E L L I P T I S K M
```

FLOCK	BALLONG
ORDFÖRRÅD	MUSIKALISK
TEXT	NOGGRANT
UTBROTT	MÖNSTER
KORT	YTAN
GELÉ	FEBER
ELLIPTISK	INNEHÅLL
UNDVIKA	SINNE
BLI	KAMPANJ
GREN	SCHEMA

Puzzle 18

```
Z  V  K  K  Z  Z  R  N  E  B  Y  P  N  P  M
T  G  I  L  G  N  Ä  G  L  L  I  T  E  C  J
V  M  D  T  I  M  G  I  E  V  E  K  R  K  Ö
K  W  X  C  U  J  A  R  N  E  J  F  E  W  L
N  A  N  A  B  F  Y  D  G  Å  T  C  T  N  H
G  J  S  B  U  A  F  L  A  S  T  H  Y  T  I
L  C  Z  T  O  X  Q  A  G  E  E  K  A  R  D
H  L  A  P  A  L  N  B  E  T  K  X  I  Ö  R
S  C  E  N  A  R  I  O  M  T  N  M  Z  H  O
R  S  S  R  E  Q  I  H  A  E  I  C  C  F  K
U  R  S  Ä  K  T  A  E  N  D  K  L  D  P  E
Q  G  B  P  L  P  S  P  G  N  B  E  C  T  R
O  L  Y  C  K  L  I  G  E  M  T  H  A  P  F
R  E  K  O  M  M  E  N  D  E  R  A  R  A  Q
```

STEN	HÖR
OLYCKLIG	TILLGÄNGLIG
MJÖL	KASTA
TUFFA	BANAN
TEKNIK	REKORD
DRAKE	TÅG
ALDRIG	SETT
NERE	REKOMMENDERAR
KID	URSÄKT
SCENARIO	ENGAGEMANG

Puzzle 19

```
B  S  R  I  S  U  V  A  V  L  Y  S  S  N  A
V  O  L  M  H  Z  I  H  Ä  L  S  O  V  P  S
X  V  X  I  A  D  N  O  F  S  S  T  U  P  P
A  S  T  N  P  D  B  V  A  Y  Z  N  H  D  K
N  Y  A  R  I  S  Ä  P  D  E  O  V  P  N  G
N  O  I  T  A  N  R  K  I  L  L  A  R  L  Å
S  C  L  I  R  L  G  A  L  Z  Q  D  N  I  R
M  N  H  D  Ä  Y  K  H  I  L  K  N  S  T  D
C  G  O  J  K  X  J  C  R  L  D  Y  C  B  A
S  J  U  K  S  K  Ö  T  E  R  S  K  A  O  G
S  P  E  L  A  R  E  G  M  V  H  S  Z  N  E
X  H  K  C  K  A  I  L  F  U  T  P  C  D  N
I  L  L  U  S  T  R  E  R  A  R  U  M  E  S
N  U  V  A  R  A  N  D  E  E  X  G  J  N  E
```

SKYNDA	NYA
KÄRA	AVLYSSNA
FOND	SPELARE
BONDEN	RIS
SLIPS	GÅRDAGENS
BOXNING	VINBÄR
KILLAR	SJUKSKÖTERSKA
TUPP	HÄLSO
ILLUSTRERAR	UTVECKLAR
NATION	NUVARANDE

Puzzle 20

```
V D V S A P U R A S S P D K K
I Ö B F R A P U I C O N P C B
N D A G B R P U D O D B H O E
D L N O E A D A U U A E F H T
J I D A T P E T M K V K Z C E
L G P V A L L V W B R V K I E
Z H J O R Y N U A M E Ä I G N
T V C L E H I J V Z T M M R D
S J H T Ö J N U I D S A A E E
S L R R Y T G S N P A C G N J
T H R M V U Å G T I F H E E C
S B E D C R U F E U Y D P N D
I N G E F Ä R A R V A G G A F
A T A S N Q F N E G A T I V D
```

FÅTÖLJ
INGEFÄRA
BAND
VIND
VOLT
UPPDELNING
NEGATIV
ARBETARE
TOPP
VAGGA

DUM
FRU
FASTER
PARAPLY
SCEN
ENERGICHOCK
BETEENDE
VINTER
BEKVÄMA
DÖDLIG

Puzzle 21

```
K U L T U R E L L A S G P G Q
O B E R O E N D E R J U D I T
Z L U R V W R C B G Ä L A F A
X I S G A L W F I P L D E G N
B N H S R H K D I A V K I R K
B E H Ö V E R D J Y A U W B L
Y W C J O M B I R T I V T M A
A L L T U T O S O E J H N A G
B A G I L N N I V K L N E R A
L E Z R X Y Z V Å C O L G E R
I Q O X M C I H G Y Q C I T Y
R I E R Y N E G O M V T L N Q
F U L L S T Ä N D I G R Y A J
B K Y R K A I O N P P E N H D
```

MOGEN	NYLIGEN
FULLSTÄNDIG	KYRKA
CITY	GULD
BLIR	SJÄLVA
MYCKET	HANTERA
ANKLAGAR	KULTURELLA
GÅVOR	ALLT
ILLER	BEHÖVER
OBEROENDE	HARE
KVINNLIGA	TRE

Puzzle 22

```
S  C  B  F  D  M  S  T  V  G  N  Y  J  I  K
T  Q  R  G  X  X  A  F  F  A  R  T  S  V  V
Ö  A  K  Q  N  O  D  R  O  F  R  X  M  X  I
R  D  Z  D  Y  P  O  V  K  I  S  U  M  A  N
R  I  E  N  D  X  D  L  S  N  M  S  P  R  N
E  N  H  K  T  A  L  A  D  E  A  B  T  E  A
N  D  I  T  L  L  G  M  I  N  K  D  L  C  X
Ö  G  O  N  M  A  Ö  M  R  Å  A  K  E  I  D
S  F  S  Q  W  R  R  S  K  M  B  Y  D  N  A
L  Y  S  S  N  A  V  E  S  M  S  T  C  U  L
T  I  L  L  V  Ä  X  T  R  K  O  C  L  M  X
S  P  E  C  I  E  L  L  J  A  L  Q  E  M  Y
G  E  R  K  A  L  L  A  S  U  U  R  K  O  S
P  E  R  S  O  N  C  D  K  K  T  B  R  K  N
```

KOMMUNICERA
MARKNADEN
TALA
LYSSNA
STÖRRE
PERSON
FORDON
ÖGON
SPECIELL
STRAFFA

TILLVÄXT
KVINNA
GER
KALLAS
ABSOLUT
LÖS
SKRIDSKO
DEKLARERA
MÅNEN
MUSIK

Puzzle 23

```
M F O T B O L L S P I S E N F
S Y C A R X K Q F D R W O P R
Q G Z N L T H R E D N Ä L N A
P U M V Y H Z D J K X R A R M
A L W T Ä T O R R Ö G I R F T
L M A E G R H J N A L K D O I
L E M N K D M U L R P L X F D
M Y L D E T S E T D E I B F E
Ä I D A A T V W C N R G O M N
N V I E M E E X G U A T I B V
N I S U J S V R Q H T Z H T C
A N N A V I G E R A S S A N D
O S F Ö R E T A G E T S B Z O
U T A K C O L P U P P H Ö R C
```

PLANETER	SAND
UPPHÖR	STARE
VÄRME	SPISEN
VINST	ALLMÄNNA
FÖRETAGETS	NAVIGERA
ANLÄNDER	FRAMTIDEN
FRIGÖR	TIGER
SET	RIKLIGT
SJU	PLOCKAT
FOTBOLL	HUNDRA

Puzzle 24

```
Å T E R A N V Ä N D B A R A F
M G T L Ä R D E Y G R I S V Ö
A T L J E A I O S Y N L I G D
K K Ä T E H N N A R G G O N E
E J B J M H B W K X E Z P N L
K C A T T A J T R T Z D U L S
V A R V E T U A A F J O N Z E
K V S I P U D L T Z D Y C U K
A V N K P F A A S L K P R R L
P K L V O C N N G H Ö Z C K K
I E J Ä R U G G R M Y F L F C
T J H L D T U O Ä J B H T L G
E C L L I O R O F A V C N E J
L Z D B O M S U D D G U M M I
```

SUDDGUMMI BÄLTE
OSYNLIG   ATTACK
MAKE   UNDER
ÅTERANVÄNDBARA LÖFTE
IKVÄLL   KAPITEL
NOGGRANNHET TALANG
INBJUDAN   DROPPE
FÖDELSE   VARVET
FÄRGSTARKA SAK
LÄRDE   UTOM

Puzzle 25

```
P N N V K U L D T T R X C V S
R U P P V I S A R Y F E M I B
I Y I P A X L S D D P J S H R
S E E Y W G B C N H L I X W A
G Å L U A B J Y F C O E S F N
A R E R I P S N I Ä L G R K D
D V A R K E N L Y F R I D I A
N F D P B D H Q Ä B K M M L S
Å E Y M D C Y A M T K L L O B
M R A D I O T Ö F X T K I F Y
H S Ä N G E D Z V N X E S A R
K O P P A R D L B E K Z R V W
K O N T A K T L I N R J F Z T
Y L F S K Ä L L A E E N M X R
```

MÅNDAG	PRIS
RADIO	SKÄLLA
FRID	SÄNG
OLIK	LÅG
KONTAKT	SEX
TYPISKA	INSPIRERA
BOLL	SLÄTTER
BRAND	UPPVISAR
ÄLG	KOPPAR
ÖVER	VARKEN

Puzzle 26

```
S  S  Y  N  L  I  G  A  L  E  R  T  M  V  V
T  I  V  B  V  R  Z  A  R  N  Q  B  E  J  I
O  U  V  X  P  H  U  G  S  A  V  U  D  H  T
R  E  S  J  A  M  L  C  S  F  H  P  D  B  A
T  V  T  E  M  A  R  K  E  R  A  P  E  M  M
O  A  E  S  N  E  R  A  R  Ö  F  R  L  F  I
L  K  T  H  A  F  R  D  P  Z  E  Ä  A  E  N
O  U  I  Q  G  M  O  P  L  A  N  T  N  R  E
I  E  R  P  I  W  T  T  M  V  O  T  D  B  R
N  R  O  H  D  K  O  A  I  A  R  H  E  J  I
Q  A  J  M  J  O  M  G  L  N  W  Å  S  U  S
W  N  A  P  M  Ä  M  L  B  J  G  L  X  D  K
Q  J  M  Z  B  M  L  R  R  Y  U  L  Q  A  O
M  U  S  E  N  R  E  P  R  M  W  A  X  V  U
```

MAJS	ALERT
TROTS	PRESS
UPPRÄTTHÅLLA	EVAKUERA
HJÄLP	TUSENFOTING
MAJORITETS	FÖRAREN
MOTOR	MEDDELANDE
SAMTAL	MARKERA
ERBJUDA	SYNLIG
VITAMINER	VIT
PLAN	MUSEN

Puzzle 27

```
W  D  V  N  C  B  T  R  E  K  Ä  S  B  E  Z
S  L  K  Z  S  V  Z  A  V  O  M  R  E  P  Q
X  M  P  E  R  F  E  K  T  L  K  G  V  Y  S
E  D  N  A  L  A  T  T  U  U  V  B  I  P  K
S  T  Ö  M  M  A  S  M  A  M  J  L  S  O  R
E  V  I  M  R  I  G  R  B  N  P  N  A  L  A
H  P  Ä  U  Y  L  T  A  X  R  D  I  K  I  T
B  Z  G  R  Y  G  O  K  S  N  G  E  R  S  T
S  O  Z  T  D  A  N  T  S  Y  T  K  E  E  T
M  I  S  S  T  A  G  O  S  P  H  Z  G  N  R
Z  H  G  B  A  R  E  T  I  M  I  I  N  J  O
F  Ö  R  E  S  T  Ä  L  L  A  O  I  I  U  X
D  I  S  K  U  S  S  I  O  N  K  D  F  A  R
I  N  T  R  O  D  U  C  E  R  A  R  D  M  N
```

IMITERA	SKRATT
NJUTA	TRUMMA
PERFEKT	SÄKERT
KOLUMN	BEVISA
FINGER	DISKUSSION
TÖMMAS	UTTALANDE
REGNSKOG	POLISEN
DOMSTOL	TYSTNAD
MISSTAG	FÖRESTÄLLA
SVÄRD	INTRODUCERAR

Puzzle 28

```
I  A  U  B  N  P  D  M  Ä  K  S  R  Ö  F  O
N  D  R  W  E  U  O  R  L  O  I  J  N  R  I
G  I  E  X  L  Å  V  T  W  R  R  N  F  O  N
E  S  P  N  I  R  K  S  A  P  K  E  Ä  H  S
O  A  O  Ä  T  D  Z  N  O  T  T  K  N  D  T
G  L  N  V  D  I  D  S  S  M  I  L  G  M  I
R  D  G  T  K  A  T  B  L  Y  B  S  E  U  T
A  Ä  E  E  I  V  B  E  H  G  V  T  L  V  U
F  P  R  E  Q  K  I  K  T  W  Z  S  S  U  T
I  F  Q  B  Z  Z  Y  N  O  I  T  K  E  L  I
L  A  Q  N  T  R  A  G  L  U  T  K  T  O  O
D  Z  I  H  F  S  Y  O  T  U  S  G  T  J  N
Z  S  F  V  A  M  E  R  I  K  A  N  S  K  A
V  E  X  P  G  Q  I  A  D  O  Y  F  N  R  M
```

ÄDLA	INSTITUTION
TAKT	TVÅL
KJOL	LEKTION
OFÖRSKÄMD	IDENTITET
AMERIKANSK	ANTIK
KORP	POTATIS
REGN	VÄN
KRIS	SIDA
GEOGRAFI	SKRIN
BLY	FÄNGELSE

Puzzle 29

```
I  B  Ä  R  B  A  R  I  D  J  K  S  P  V  A
G  N  Å  G  E  T  T  Ä  R  O  Y  N  C  F  G
R  B  B  C  E  R  E  G  L  E  R  I  N  G  C
K  B  H  L  R  D  R  U  V  O  R  C  P  I  H
Z  U  A  G  A  D  N  H  P  N  L  Z  L  R  A
U  L  N  E  G  N  R  X  Y  N  U  C  O  E  N
H  K  E  D  I  S  D  I  Y  Z  J  T  C  L  S
I  K  L  A  D  T  A  A  C  Ä  N  G  K  N  M
H  T  M  L  I  Z  M  K  D  K  M  A  A  S  R
D  O  I  L  T  T  V  V  U  W  E  R  E  S  A
H  G  H  I  E  Q  A  D  P  L  T  R  A  X  O
S  D  X  G  G  I  Q  P  N  N  U  D  G  L  M
J  L  X  K  A  P  A  B  E  L  U  C  Y  O  W
C  E  M  M  L  S  J  Q  I  N  T  E  K  B  S
```

REGLERING	KAPABEL
GILLADE	LERIG
INBLANDAD	LAGET
TIDIGARE	BÄRBAR
RESA	RÄTTEGÅNG
PLOCKA	KLUBB
HIMLEN	DRICKER
ÄNG	DRUVOR
INTE	TOG
KUND	CHANS

Puzzle 30

```
L  T  V  A  R  G  U  M  E  N  T  E  R  A  H
Ä  I  A  A  C  G  I  U  B  I  A  K  G  S  O
M  H  G  G  N  I  R  E  T  S  E  V  N  I  P
N  R  I  T  I  L  W  N  N  W  R  Y  A  V  P
A  K  P  K  I  T  I  R  K  I  A  I  R  T  A
R  B  L  Y  X  G  S  G  O  O  N  C  U  G  F
G  R  E  M  Z  Z  M  T  A  P  P  V  A  I  N
R  E  K  U  I  R  O  Y  Ä  E  P  N  T  L  H
A  D  C  B  C  W  Y  B  K  M  Ö  X  S  N  J
N  D  Y  D  R  Z  G  Q  N  E  P  M  E  A  Ä
N  K  N  O  S  V  A  N  T  A  R  E  R  V  L
E  U  P  P  R  Ä  T  T  A  G  P  O  L  J  P
M  E  N  I  N  G  S  L  Ö  S  B  X  B  Y  A
I  T  F  F  F  I  S  K  E  K  M  D  V  W  V
```

NYCKELPIGA
VANLIGA
VANLIGTVIS
LÄMNAR
TAGIT
VANTAR
BREDD
STÄMPEL
UPPRÄTTA
HIT

MENINGSLÖS
INVESTERING
HJÄLPA
HOPPA
KRITIK
FISKE
GRANNE
ARGUMENTERA
RESTAURANG
ÖPPNARE

Puzzle 31

```
T  C  K  K  S  I  T  N  A  G  I  G  S  N  W
P  U  C  J  T  U  B  T  I  A  J  B  G  H  H
K  Q  T  X  O  S  J  I  N  D  X  A  A  Y  W
X  A  O  F  R  D  M  H  T  S  F  G  P  S  U
V  I  K  T  O  L  J  O  E  N  B  G  Z  L  P
D  W  S  B  T  R  Ä  T  R  O  H  U  V  U  D
T  G  U  Y  X  X  S  S  N  B  A  K  G  G  T
S  I  M  G  L  M  V  K  E  J  T  S  M  S  Ä
P  K  Z  G  H  A  L  V  A  R  S  B  F  H  T
V  E  E  A  Q  G  X  F  M  I  Y  B  T  S  N
W  P  P  L  R  C  B  V  R  W  U  W  D  T  I
U  C  X  K  E  P  O  H  A  L  L  Ä  K  E  N
B  I  T  W  Q  T  L  U  V  N  L  K  T  G  G
G  U  D  B  Y  J  T  D  A  M  M  I  G  E  K
```

STOR	SKELETT
DAMMIG	BIT
ONSDAG	HUVUD
KÄLLA	TÄTNING
MUSKOT	BYGGA
SKUGGA	INTERN
VIKT	HOT
UTFORSKA	VARMA
LÄSER	HALV
GIGANTISK	STEGE

Puzzle 32

```
I  L  A  A  T  J  L  H  E  B  L  A  B  T  S
T  A  N  D  K  R  Ä  M  X  U  L  G  Y  R  J
F  S  O  I  L  I  B  A  T  S  N  I  G  A  Ä
Ö  K  L  N  M  M  L  N  R  L  Y  S  G  P  T
R  D  E  N  I  O  S  E  E  Ä  M  A  F  P  T
F  F  M  E  Q  R  R  N  M  P  O  R  Y  O  E
A  B  N  G  S  O  D  Y  T  I  T  T  A  R  D
R  O  E  M  R  T  R  A  X  H  W  G  J  U  R
A  T  T  X  F  Ä  Q  O  T  Ä  I  U  T  B  Ä
N  X  T  L  B  R  V  F  N  L  D  G  K  C  J
D  V  A  X  I  A  E  L  S  L  G  Z  A  J  F
E  P  V  Q  S  U  R  O  I  S  Y  L  A  N  A
Y  H  G  O  Q  W  B  I  T  N  B  R  Ä  N  D
V  X  E  H  M  V  L  N  T  Q  G  W  H  Y  W
```

GRÄVLING	ATTITYD
TRAPPOR	FÖRFARANDE
BRÄND	BYGG-
MOROT	TANDKRÄM
ANALYS	LIKA
BREV	SJÄTTE
INSTABIL	FJÄRDE
PÄLS	TRASIGA
EXTREMT	HÄLLS
INNE	VATTENMELON

Puzzle 33

```
G U T R O P S N A R T T L R V
A U J D Ä H D V M A V T A L I
H G U M R V M I M S K O O S K
P T G U Y I T X A J E C S B T
S J O R E N V I M V D D C P I
B E K Ä N N E L S E A O A N G
M R O B S L U T A S H G B N T
I A I S N D I S P O N I B E L
D K W R H A N D D U K O I W G
D Ä T Ö T I L L S T Å N D S R
A L I K G E N T L E M A N U S
G K L W V B O H S P T Q T Y Q
J T V B Z A B I D R A R J R M
K B V T W U Z K Ö R S W T Q L
```

HANDDUK	TVÄR
BIDRAR	TJUGO
BEKÄNNELSE	KÖR
TILLSTÅNDS	LÄKARE
DRIV	HADE
GENTLEMAN	DISPONIBEL
AVTAL	MAMMA
VIKTIGT	TRANSPORT
MIDDAG	KÖRSBÄR
SLUTA	SEDAN

Puzzle 34

```
C  I  R  K  U  L  E  R  A  U  T  V  M  V  M
N  A  K  T  I  V  I  T  E  T  P  S  O  I  O
E  S  P  X  Y  S  K  R  F  Z  S  X  D  D  T
G  E  M  T  D  W  L  E  A  R  A  V  E  B  S
N  O  W  Q  P  A  T  S  Ä  N  P  M  R  M  T
O  S  S  E  D  A  N  K  A  V  B  Q  N  I  Å
S  Y  S  S  L  A  P  S  A  Y  H  V  G  U  N
Ä  Y  J  N  P  N  V  E  L  E  M  P  N  K  D
S  Q  L  G  R  T  W  A  G  A  D  S  I  T  A
X  K  R  A  S  W  R  D  C  O  L  F  N  R  R
P  I  S  T  O  L  Z  J  A  G  J  X  D  Ä  E
Z  A  R  E  R  E  L  O  T  I  T  A  D  V  P
H  J  N  K  I  W  Q  Ö  C  C  G  G  A  Z  B
S  L  U  T  L  I  G  A  H  K  G  B  L  Y  E
```

HÖLLS

VÄRT

LADDNING

TISDAG

GICK

SÄSONGEN

NÄSTA

ELEV

AKTIVITET

CIRKULERA

SYSSLA

MODERN

SLUTLIGA

PISTOL

TOLERERA

VAKNADE

PAPEGOJA

MOTSTÅNDARE

DANS

BEVARA

Puzzle 35

```
I A W I E D P K H Y J F D L S
B E V B T R R V F Y O N P D N
G D O R O F E A V U R D M K A
R N G U D J S L J Z L V W Y B
A A T N G E I I E G E S O C B
J K D A I L D F J A K T N K T
R N J N P T E I F M I X T L J
Ö A I A G E N C M A T I W I U
B R H N E   T E H I R F U N H
T Z Y A R L D R G O A A G G H
O I R S P Å O A M N P Y F C E
Z Y A T D G N Ä L Q I F W F Z
Ö N S K A N X I Q Z C B B K W
M F A R T U F A F G P U A Q P
```

KYCKLING	KVALIFICERA
PRESIDENT	FRIHET
HYRA	JAKT
SNABBT	LÅG
LÄNGD	ONT
ANANAS	RAD
BRUN	DRUVA
BÖRJAR	PARTIKEL
FAR	ANKANDE
ÖNSKAN	INGENTING

Puzzle 36

```
L C I M L F H A F T A A A D M
S V S K R A T T A D E J E K D
E Z Ä K A R Z Å T S R Ö F H V
G G I S R F I Y L U N S E M C
C Z X S E N P D E D Ö W P E K
M F J A D N A T D D J W I H U
D Z H L N M T M S A D J A F Q
Z B R K E Z U L N G R I N V R
K Ö P A T K P J I H E E O U Z
N Å G O N S I N H G K L U K T
M O R F A R U Z M C A G Y L F
S K J U T A L L A F S M N D L
Y E Q T X A V Å T J T U H Q C
H A M B U R G A R E F E Q G X
```

VÄSENTLIGA	NAMN
MORFAR	PIANO
FALLA	NÖJD
RIDDARE	SKRATTADE
HAMBURGARE	DELTA
TENDERAR	FÖRSTÅ
SAKER	VÅT
KÖPA	LUKT
FLYGA	SKJUTA
KLASS	NÅGONSIN

Puzzle 37

```
I  K  T  A  N  D  L  Ä  K  A  R  E  P  W  D
F  A  R  B  E  Z  I  J  B  K  C  J  P  C  C
R  N  C  Q  R  L  A  A  S  U  R  T  U  E  H
Y  E  J  Ö  J  L  I  M  S  G  Y  T  R  A  F
S  L  Y  W  L  S  W  M  X  L  L  K  G  T  U
A  Y  R  C  N  F  K  O  H  Q  U  U  Y  T  F
G  O  T  M  Ä  K  S  L  L  S  O  F  D  A  T
Y  W  C  Ä  E  P  J  B  N  I  K  S  A  M  H
R  K  L  K  L  L  L  M  Q  Z  K  I  L  S  L
Z  O  L  G  E  T  J  Y  F  C  D  A  J  Ä  K
E  E  K  O  N  O  M  I  S  K  B  X  P  R  A
I  N  F  Ö  D  D  A  D  Z  O  J  A  P  G  L
T  Ä  C  K  T  J  H  V  V  U  Z  W  N  F  L
U  T  V  E  C  K  L  I  N  G  J  M  P  A  G
```

FRYSA	INFÖDDA
BANA	KANEL
GRUPP	RUSA
UTVECKLING	FARTYGSMILJÖ
KALL	ZEBRA
TÄLT	SKÄMT
FUKT	MASKIN
EKONOMISK	TÄCKT
GRÄSMATTA	TANDLÄKARE
BLOMMA	OLIKA

Puzzle 38

```
E  K  O  L  L  O  N  S  F  F  T  V  A  W  R
H  I  Y  F  E  S  E  H  E  B  P  L  X  E  B
M  V  A  Ö  M  O  O  N  S  O  W  F  J  L  S
W  L  L  R  E  G  Ä  H  T  I  Z  K  E  L  E
B  P  T  F  V  J  D  S  E  P  R  A  D  Ä  R
A  S  C  A  P  M  N  R  R  X  E  G  N  A  B
H  Ö  K  D  Å  R  G  G  M  J  D  O  E  N  E
K  S  D  E  D  N  A  K  N  Ä  T  F  O  S  R
O  S  T  R  A  M  S  Z  I  V  B  I  R  T  O
Q  Q  B  Y  M  Z  A  X  C  G  R  B  T  Ä  E
F  C  K  V  C  X  N  E  C  E  O  U  R  L  N
S  K  A  K  A  K  Z  E  E  N  T  O  Ö  L  D
B  J  Ö  R  N  H  E  S  D  O  T  Y  F  A  E
E  F  F  E  K  T  V  Y  F  M  P  G  R  E  K
```

EFFEKT	GRIS
GENOM	SMART
FÖRTROENDE	DÄR
FESTER	BEROENDE
BIFOGA	HÖK
TÄNKANDE	SKAKA
FÖRFADER	STYCKE
EKOLLON	HÄGER
ANSTÄLLA	RÅD
BROTT	BJÖRN

Puzzle 39

```
P P F K V U Z M J Q Z F S S Z
F L E P A K S N E T K Ä Ä R S
Ö O A N W T I B V S I N G E H
D N V T D L D A K V P N E P A
E Q M U T A O K N B S Q R A K
L A D J Ö A R O M Å L E T R T
S C B B K B M M T F E L N E L
E T A X I R Z V H X D T L R Ö
D E X E M P E L A S V A G A R
A E F T E R S O M N A V N R D
G K B J R E T E H Y N Y Å K A
Z M L S E F R Q I H V U L R G
T I L V T H U L O P X X B T R
K G I J E Q C X P T P I A I Y
```

FÖDELSEDAG	ENDA
SVAG	EFTERSOM
VANN	ADJÖ
TAXI	BAKOM
PLATTA	MÅLET
NYHETER	SÄGER
REPARERA	SIDOR
LÅNG	ÄKTENSKAP
LÖRDAG	EXEMPEL
FEL	SPIK

Puzzle 40

```
H  B  I  I  S  B  H  T  Q  T  R  E  C  X  Y
V  V  W  D  Y  K  X  R  V  G  J  X  F  E  M
B  D  N  F  E  Ä  R  H  E  N  N  E  S  H  P
U  R  S  B  F  G  A  I  R  Å  L  S  G  I  Y
C  M  Ö  B  A  N  T  R  V  S  U  G  B  J  T
Q  F  O  T  R  A  N  S  G  B  N  M  Ö  S  E
C  K  P  T  B  L  E  M  S  L  O  D  X  U  O
Ö  Q  C  N  R  L  M  L  I  F  G  R  N  W  R
H  K  F  X  O  A  M  E  P  N  Ö  B  D  M  I
W  A  E  A  R  C  O  V  V  N  S  H  M  O  V
Z  B  G  N  I  N  K  A  B  X  A  E  Ö  Y  O
A  U  K  T  O  R  I  T  E  T  L  Z  R  U  F
P  Ä  R  O  N  F  S  K  P  H  G  S  E  E  B
T  R  E  T  T  I  O  L  I  K  D  T  B  B  Y
```

BERÖMD	SÅNG
KOMMENTAR	ALLA
ÄGNA	SLÅ
TEORI	TYP
HENNES	BAKNING
BRÖT	TRETTIO
AUKTORITET	FARBROR
ÖKEN	GLASÖGON
PÄRON	SÖMN
SKRIVBORD	FILM

Puzzle 41

```
O Y W Q V E I C V G I P H T E
L B A V A Q D S D P W H K R L
F R L I D O K O R K Y S U Ö L
Ö Ö T T G I D N Ä V D Ö N T E
R L I N N Z O G Z Z W U K T R
S L L A U T R Y M M E N D O I
T O L T C W N A T I B T R Ä B
A P Å S T Å L Ä R A O H D S L
A S T B I Z U D R E U Y W H A
R R A U L Q B S R M R L S O N
D C K S U P P F Ö R A E K W D
U D S A N N I N G G A R V I P
K Q Q N N P P H O H Z H P E T
A K F P J O J U C S B K L S L
```

UPPFÖR
ELLER
SANNING
STÅL
TRÖTT
BITA
KROKODIL
ARK
DRA
BRÖLLOPS

UTRYMME
TILLÅTA
NÄRMAR
NÖDVÄNDIGT
TRÄ
FÖRSTA
IBLAND
SHOW
LEVERERAR
SUBSTANTIV

Puzzle 42

```
F  B  R  C  U  T  B  I  L  D  N  I  N  G  V
S  R  E  C  G  B  F  T  F  A  F  N  N  P  Ä
K  Z  E  H  S  I  G  Y  O  K  L  P  E  P  G
J  E  R  K  Å  Z  E  S  R  A  A  I  M  S  G
U  T  D  S  V  L  W  T  T  D  G  L  V  S  M
T  C  N  V  T  E  L  B  F  E  G  O  U  I  Å
S  Q  I  E  Ä  P  N  A  A  M  A  I  U  S  L
V  D  M  N  R  C  G  T  R  I  Y  Z  J  T  N
E  U  I  S  T  R  Ö  D  A  S  D  E  M  A  I
D  I  L  K  O  Y  L  L  N  K  E  Y  N  R  N
O  Z  L  I  R  F  U  F  D  A  S  C  U  A  G
E  K  O  R  R  E  L  A  E  E  S  R  B  F  T
X  V  N  J  L  C  S  F  J  C  A  N  A  Z  N
F  Ö  L  J  E  S  L  A  G  A  R  E  H  V  I
```

SISTA	UTBILDNING
AKADEMISKA	NOLL
VARS	RÖD
FREKVENT	EKORRE
FLAGGA	DESSA
FÖLJESLAGARE	FARA
SVENSK	MINDRE
ÄRTOR	SKJUTS
TYST	FORTFARANDE
BEHÅLLA	VÄGGMÅLNING

Puzzle 43

```
A O Y R A L T K A V D Y X R F
N Y F I I R M Y S Q R E F Y Ö
D T X N S L Å N Ä S T A N A R
A I Q G J T T S D F W R A I U
S H X A J W T R E A F B G T T
E X I S T E R A Ä K X H Å J O
K O M F O R T Z D T J F R O M
L F L O D H Ä S T O Z V F C C
D U D V H Y L O Å R N N R K P
S K O R Ä F Ö R D E L A E M P
D Y U I R G I R N U O G T U A
Z W W Q S I G R Ä D M F F K X
U N D E R S Ö K A P A C E O B
D E S P E R A T J M V I O S M
```

VÄGG	FÖRUTOM
DESPERAT	VAKTLAR
FAKTOR	EXISTERA
MOLN	NÄSTAN
ÄNDÅ	UNDERSÖKA
KOMFORT	RINGA
ÄRT	FLODHÄST
ANDAS	SKOR
FÖRDELA	EFTERFRÅGAN
TJOCK	MÅTT

Puzzle 44

```
O Q V E F Q W N Q N C L V R I
H O Q F A L L E I S N A N I F
U X X W G F P D L O P S P U P
L Ä S A G T Ä L V Y L A O P K
S A M L A W G R O K Ö N L P E
W R X B D B P Ä G P T V I T F
I D U O Z X F V Y F S Ä T Ä S
B L E F H E L S T K L N I C B
V Ä C F L A N D H S I D S K B
J R Q E M B C U V P G S K T S
O Ö R R F A S A N Å T U L G M
B F P T S V A R T O R P D W R
G E M O T I O N E L L E Q N W
I N G E N S R N J B B O N E A
```

HELST	POLITISK
INGEN	LAND
FASAN	VÅREN
SAMLA	SVART
KORG	VÄRLDEN
FINANSIELLA	FÄRG
UPPTÄCKT	FÖRÄLDRA
ANVÄNDS	DAGG
LÄSA	OFFERT
PLÖTSLIGT	EMOTIONELL

Puzzle 45

```
O A G Ä S J B R L T J Q B K R
B R E V G O E H N N X G C Å R
Ö K G G N B Q U O Y M A I L E
P Ä M A I B T O L V L M E R N
P S W V N F E L A K T I G O S
N R X K K I E P E P P M V T T
A Ö E Q R G S T L K L O I R A
R F Q W E Z R A D R A N R O T
L Y D A V G U U T O S O T P I
R W W P L N S U B I T K U P O
J Y I W L M E F V G O E E A N
W J X S I R R Y Q K A N L R C
O V E I T F Ö R D E J U L G J
H E S T J Ä R N O R N A A B O
```

RESURS	KÅLROT
TILLVERKNING	ÖPPNAR
FÖRSÄKRA	SÄGA
VIRTUELLA	REN
VERB	JOBB
ORGANISATION	PLAST
EKONOMI	STJÄRNORNA
RAPPORT	LYDA
TOLV	FÖRDE
STATION	FELAKTIG

Puzzle 46

```
P  T  Z  Y  P  L  G  B  R  O  C  C  O  L  I
E  V  U  N  R  S  W  E  K  D  E  B  A  T  T
N  Å  N  D  X  R  F  D  M  L  P  N  E  R  Z
S  N  N  D  Q  K  G  N  N  E  A  G  I  T  S
E  I  K  Ä  N  E  O  A  Y  V  N  R  R  P  M
L  F  Ö  R  F  A  T  T  A  R  E  S  T  M  S
U  T  R  Y  C  K  Y  Y  K  H  Z  T  K  T  X
B  P  G  E  J  Z  S  L  E  T  I  T  I  A  S
L  C  P  U  Y  I  N  F  R  T  K  P  F  S  P
O  B  C  N  J  A  N  E  A  H  A  X  I  S  F
M  C  S  C  Å  U  F  G  R  Ö  N  S  C  O  T
K  W  M  S  Ä  T  T  A  Ä  N  S  A  E  J  Z
Å  L  U  L  L  E  W  I  L  A  K  C  P  T  X
L  F  L  Y  G  A  N  D  E  A  E  X  S  I  X
```

PENSEL	SPECIFIK
FLYTANDE	BLOMKÅL
TITEL	KANSKE
RÄDD	FÖRFATTARE
TRYCK	TVÅ
BROCCOLI	GEMENSKAP
DEBATT	STIGA
LÄRARE	HÖNA
UPPNÅ	FLYGANDE
KLART	SÄTTA

Puzzle 47

```
S  G  A  P  I  D  S  O  Q  D  B  H  H  O  S
C  Ö  F  R  Y  N  E  P  N  V  T  A  O  A  J
P  R  S  O  J  R  C  L  E  T  I  L  L  E  C
O  A  U  C  O  A  M  I  F  G  Z  S  I  J  P
S  N  M  E  K  R  B  B  D  I  E  B  D  P  H
I  K  M  S  R  E  D  E  S  E  N  L  L  E  E
T  Ä  A  S  A  D  R  L  Q  Q  N  N  L  R  J
I  R  C  A  M  U  O  A  Q  M  W  T  A  S  O
V  E  H  A  D  L  I  K  S  N  E  C  U  O  W
U  B  T  G  L  K  N  F  Ö  L  J  E  R  N  D
O  O  Y  G  I  N  E  V  S  S  G  N  R  L  Z
C  U  U  Ä  V  I  S  K  I  K  X  M  Y  I  H
P  U  B  L  I  K  A  T  I  O  N  O  M  G  J
S  K  R  I  D  S  K  O  Å  K  N  I  N  G  F
```

POSITIV	CELL
BERÄKNA	HEJ
LÄGGA	PUBLIKATION
ENSKILDA	LITE
FÖLJER	VILDMARK
DELFIN	INKLUDERAR
INCIDENT	SPEGEL
SUMMA	SENIOR
SKRIDSKOÅKNING	PROCESS
GÖRA	PERSONLIG

Puzzle 48

```
P A L L B K A T A S T R O F T
L O J T E L Å H D D N E G D A
T K P K Y U Å K X S M T K K L
I S J U V I S A D E L S O F A
S I N D L C Y S X Q K N N J N
V T J O E Ä C R G R W Ö F H D
B A G R Z A R O T S Q F L U E
A M L P E K N A D E M J I S L
S O V E G E B C O G E I K D W
E T D D N Z O H T Y J K T J H
B U N S E T X Y E R R C A U M
A A N U G N I L M A S E Z R B
L T W H Y W V N O C K S Å K F
L A M B Y H D O E I Q G X W R
```

AUTOMATISK
SAMLING
PRODUKT
TALANDE
FÖNSTER
MEDAN
ALL
POPULÄRA
BLÅ
KONFLIKT

HÅL
BASEBALL
METOD
KATASTROF
ORSAK
VALENTINE
OCKSÅ
VISADE
HUSDJUR
STORA

Puzzle 49

```
O  A  H  C  I  O  K  S  T  W  D  A  E  K  F
S  Y  L  A  O  R  L  Ä  R  O  I  Q  P  G  Ö
M  C  D  N  S  A  A  K  Ö  A  N  D  E  A  R
Y  E  I  V  A  A  P  R  T  S  N  I  M  F  S
S  M  Ä  L  T  A  M  A  T  U  T  D  J  M  K
R  E  G  I  O  N  R  A  A  P  Y  X  N  I  J
Ä  P  I  T  N  E  M  I  R  E  P  X  E  R  U
L  M  S  N  Ä  R  R  Y  K  B  J  W  X  S  T
H  E  T  Q  L  W  O  T  C  T  E  I  O  G  N
S  L  U  F  F  J  N  C  L  L  N  T  I  X  I
S  L  M  U  I  R  E  T  S  Y  M  I  A  L  N
G  A  S  N  I  B  O  R  T  X  E  F  N  R  G
Z  N  R  L  J  O  R  D  G  U  B  B  E  G  I
G  R  Ä  S  H  O  P  P  A  F  U  C  H  Q  O
```

EXPERIMENT   DIN
JORDGUBBE   SMUTSIG
ROBINS   RIKTNING
MYSTERIUM   LÄR
SMÄLTA   NÄR
MINST   GRÄSHOPPA
FÖRSKJUTNING   SÄKRA
SAMARBETAR   REGION
APA   ENORM
MELLAN   TRÖTTA

Puzzle 50

```
X R P C Q Q H N H H U Q E H Y
H Y R M Q W H C D A A I G O W
K A M Y O A Q H C N R U E P X
M M I L I T Ä R A D S B N P W
A Y S Z U U S E R L Ö B D A V
Y U K X Z M M L K I N E O D U
T F Y C H E F L C N D T M E I
L E D N E E L U A G A Y X J S
R L D P E I Z B V G G D F S D
D T A R T N E C N O K A I T I
W R P H S Ö D R A E T N N O A
O A A G L A D A G E D D A D F
N D M S F P Z C O V N E X I X
N T M E R K G W P A O R K C F
```

GLADA	KONCENTRAT
STOD	SÖNDAG
DRAS	HALL
MILITÄRA	EGENDOM
SKYDDA	VAD
LEENDE	BULLER
CHEF	BETYDANDE
HANDLING	SÖDRA
MER	HOPPADE
VACKRA	FINA

Puzzle 51

```
B  I  L  D  B  X  N  R  E  F  F  O  H  S  E
S  F  J  U  J  A  J  Ö  R  T  K  U  R  F  A
X  K  J  N  O  I  T  K  U  R  T  S  N  O  K
V  Y  O  M  O  T  O  R  V  Ä  G  F  C  J  I
V  S  M  L  C  K  U  E  D  N  A  G  A  T  Z
R  A  R  E  C  U  D  O  R  P  R  J  N  V  D
I  G  E  T  A  R  T  S  A  I  E  L  G  L  O
L  A  D  E  I  V  T  N  T  Q  D  N  W  U  Z
B  U  R  H  B  D  L  A  P  F  R  A  N  F  V
A  O  E  R  U  D  M  S  P  M  Ä  V  Å  W  V
Z  G  F  E  O  Q  Y  H  U  N  V  R  R  F  Y
N  O  O  K  H  B  Z  G  P  V  T  U  Y  X  I
B  U  R  Ä  Y  F  K  L  Z  Q  U  K  W  R  D
G  R  M  S  K  L  A  S  S  R  U  M  M  E  T
```

UTVÄRDERA	TAGANDE
REFORM	SÄKERHET
KLASSRUMMET	NÅR
OFFER	KURVA
BILD	TID
TRÖJA	STRATEGI
KONSTRUKTION	RÖK
MOTORVÄG	PRODUCERA
UPPTAR	SKOL
RIDA	FRUKT

Puzzle 52

```
U P V E W T M Y S T E R I E R
T K Q R R I X B U F B F I Q S
Z Q F K F T M U B N K T G P D
V W F Ä N T O H H B F I N E I
Y U Z N N A N D U Z N Z I R P
M S R N W R T F Å G E L N I L
X N Q A M H S E N N I M K O O
V S E P A R A T H U S U C D M
J I Q V U G D R I Ä M N E F O
V E R K A R N G M X T D T O C
I D Å U R F E Å P Q S S N R J
Z I H C D Z L H O D F J A M P
B V Q U N T K O R F U L L I B
P L I R A S L G T S P F I P I
```

FÅGEL	BIL
FULL	DIPLOM
MYSTERIER	TITTAR
MINNES	ANTECKNING
VIDE	HUS
VERKAR	HÅR
ÄMNE	PERIODFORM
SEPARAT	ÅNGA
ERKÄNNA	IMPORT
ANDRA	ENDAST

Puzzle 53

```
T  F  V  F  U  W  V  B  C  M  D  F  F  P  K
T  R  E  D  E  H  I  T  K  S  B  J  H  O  V
Y  N  A  Y  D  W  D  A  R  T  E  R  U  E  Ä
L  D  R  N  F  G  A  Z  S  C  H  Q  S  P  L
F  R  U  B  S  N  R  A  G  Å  R  F  C  I  L
R  M  L  V  B  P  E  G  B  I  U  N  S  L  S
V  I  J  Q  I  P  A  M  N  V  M  I  L  S  M
V  M  N  X  O  Ä  B  R  S  A  O  W  I  S  A
Z  F  T  G  I  L  T  N  E  D  R  O  P  N  T
S  L  A  R  V  I  G  N  Y  N  R  W  Q  Ö  O
V  E  R  K  L  I  G  H  E  T  T  M  N  B  H
X  V  F  Ö  R  S  T  Ö  R  A  C  A  Q  O  K
F  Ö  R  B  E  R  E  D  A  J  X  I  J  L  P
T  U  W  M  Ä  T  N  I  N  G  E  E  Y  L  A
```

SLARVIG	ARTER
SNÖBOLL	VIDARE
DJUP	KVÄLLSMAT
VERKLIGHET	MIL
FÖRSTÖRA	TRANSPARENTA
FLYTT	FRÅGAR
FÖRBEREDA	LURA
RING	SLIP
MÄTNING	ORDENTLIGT
LÄPP	HEDER

Puzzle 54

```
D  O  O  H  T  G  V  M  X  P  P  U  Q  F  Q
J  O  X  L  X  W  H  A  P  S  P  A  C  H  R
L  W  C  A  Y  O  G  M  N  O  I  D  F  M
K  F  W  K  Y  Y  A  H  M  W  R  W  E  D  X
F  G  J  T  H  Ö  R  S  A  S  I  V  G  V  A
Z  F  L  O  L  E  N  A  S  T  Å  E  N  D  E
S  K  Y  N  D  A  D  E  L  I  V  K  Å  S  D
Q  V  O  V  B  Z  S  D  W  J  C  R  G  T  R
T  I  D  N  I  N  G  E  N  J  W  U  I  U  Ä
L  Ö  P  A  N  D  E  T  K  R  I  G  S  D  V
U  T  I  L  L  R  Ä  C  K  L  I  G  T  I  B
O  F  F  E  N  T  L  I  G  A  Q  Y  N  E  R
S  I  L  K  E  S  L  E  N  B  A  L  Ä  R  E
F  O  E  G  W  A  J  Z  D  R  P  B  K  D  D
```

KÄNT	ENASTÅENDE
TIDNINGEN	SILKESLEN
STUDIER	SALT
DOCK	LÖPANDE
BLYG	SKYNDADE
VÄRDE	IGÅNG
KRIGS	PADDA
BRED	TILLRÄCKLIGT
VISAS	HÖRS
LIV	OFFENTLIGA

Puzzle 55

```
U L L T B N E É T T I M M O K
Ä Ö N Ä U V R Z J R O M R O M
N V X N S T Ä L Q Å D I V A S
G E S D S I T R B D A Q I F U
E R W E A J N H D B L O C K B
L V G R R Q E F E Z I O R U S
H Ä I G R L M Z O L V C P S T
Q G O O B Q E K S D A Y X W I
Q A C Z A S L O R D Y V I E T
V Ä S T E R E N E K S L O S U
Y F T W W A O T G I H J N N T
S N F L V E A O Ä X B B Q V E
E I G Y I B S R V T S N A B B
L L I K N A N D E U L U S F Q
```

VÄRD
SNABB
VÄGER
VÄSTER
MORMOR
KOMMITTÉ
VILA
TÄNDER
BUSS
ÄNGEL

TRÅD
ÖVERVÄGA
ELEMENTÄR
SUBSTITUT
BLOCK
KONTOR
ULL
HELA
SOLSKEN
LIKNANDE

Puzzle 56

```
I  S  T  Ä  L  L  E  T  M  O  A  N  Ö  N  B
B  A  L  K  O  N  G  M  V  M  T  V  E  M  E
Z  B  A  I  T  R  A  B  L  E  D  E  M  O  T
O  A  S  W  E  K  D  N  G  G  W  O  A  N  X
O  M  T  I  A  G  I  L  S  N  Ä  K  N  O  V
R  E  F  T  E  R  E  N  N  Ä  V  N  N  H  H
C  D  X  G  E  J  D  Ä  L  G  M  J  F  C  Ä
A  G  I  L  T  T  I  N  S  M  O  N  E  G  S
G  A  R  D  I  N  B  I  I  A  R  Y  C  A  T
R  E  L  A  T  I  O  N  U  H  O  S  I  H  F
B  L  A  N  D  N  I  N  G  S  R  F  U  J  A
T  H  C  I  R  K  E  L  R  O  R  Ö  J  M  M
Y  A  Z  N  R  J  K  M  U  N  E  Y  F  P  Y
X  X  T  I  E  E  N  O  B  X  T  S  B  B  H
```

BALKONG	HONOM
RELATION	HÄST
TERROR	SON
EFTER	GENOMSNITTLIGA
CIRKEL	FÖRHINDRA
JUICE	GARDIN
GLÄDJE	ZOO
KÄNSLIGA	BLANDNING
VÄNNER	ISTÄLLET
ÖMT	OMEDELBART

Puzzle 57

```
M G G E N E R O S I T E T D A
U U C A Å F B D K O N T O L Y
L M Y X H T T O R D I I R F N
T M W U D Y T C V F H F H T S
I I C V T P Å K S A P V Q H P
P J H A A F L A K O L P P U C
L S W Y L U T E H S I V B H V
I X W L K Ö K O N U P P H O V
C V T X N U Z E R E T T I S J
E I Z F E M N A Ä K W D F I P
R Y M N R D L D J S A D F I K
A F M L Ö U E X E B N X C T G
J V O S F J X C Q X P K I B W
S Q E C E R A G A T L E D V I
```

GENEROSITET
UPPHOV
MULTIPLICERA
DOCKA
FÖRENKLA
GUMMI
GIFT
DELTAGARE
JÄRN
VISHET

HÅN
SITTER
KUNDE
KÖK
FRIIDROTT
TORKA
SKÅP
KONTO
AXELN
LOKAL

Puzzle 58

```
C Z C L G T T I M Ö K N I N G
D N W S I X E G N U T T A K L
W G R E N N I M Å P N P R U E
U C E N T R A L P O S K O V G
E T S N E V K E S E P A C S E
N N T H W Y E C L J R R O T L
K O Y R H D N G I S N A L G L
E I X L Å N F N F A P R T U O
L T U C M K W J S R A A E U C
T K D O G M A U B E N N R E R
U A O I Y L L D I D K Ä N K P
B E H A N D L I N G I J I J B
O R D L I S T A B L H T I X Q
A U K T O R I S E R A M I K N
```

ENKELT
AUKTORISERA
MITT
ÖKNING
COLLEGE
REAKTION
PARK
TORR
UTTRÅKAD
ORDLISTA

KATTUNGE
TEMPERATUR
KNÄ
PÅMINNER
BEHANDLING
CENTRAL
DERAS
GLANSIG
ESCAPE-SEKVENS
TJÄNAR

Puzzle 59

```
E D V S O O N I O F X C Y P W
N N E X U V C Z X M K S A M L
C U C K P Y O C J Y A K S L Ä
S C K Z V G N I R Ö F R E V Ö
O A A T F A K T U M F E E B K
R R D N I M E S Z X E G G P O
T I N E Y L G Ö X L R A L R N
S B Ä M H B L R Q G Q N H R S
T O H I N V R D I K S A V Q T
K U T T C Q Z O E L Y M P G I
B B M R K U N G K L W Q V A G
L A N O S R E P R P A Z L I A
S H H S I L C G F I G Q N P D
E I G L N B F P F D V U R W S
```

MASK
ÖVERFÖRING
FAKTUM
VECKA
PERSONAL
MANAGER
KUNG
SORTIMENT
TILLDELA
KAFFE

KONSTIGA
RÖST
BRO
PER
SORTS
CARIBOU
ÄLSKA
VUXEN
HÄNDA
SKID

Puzzle 60

```
T  D  V  S  Z  I  P  V  P  Z  G  R  P  M  F
R  P  U  K  T  Å  R  H  Ä  P  Y  L  A  J  P
A  R  B  A  K  Ö  P  T  E  R  B  V  A  J  U
S  R  E  L  L  I  P  U  C  W  S  F  R  T  D
S  O  B  B  L  E  H  L  Q  K  R  T  G  Z  T
L  N  E  A  N  T  I  L  S  X  E  P  A  D  N
I  R  D  G  S  N  M  I  N  O  R  I  T  E  T
G  O  R  G  N  Ö  E  E  A  A  U  L  X  A  R
T  K  A  E  D  L  D  R  M  T  R  A  D  V  C
X  M  N  M  H  A  P  E  E  D  U  A  Q  S  B
F  R  A  G  M  E  N  T  R  W  G  T  M  T  O
G  R  U  N  D  L  Ä  G  G  A  N  D  E  Å  D
L  Ö  K  U  G  S  B  R  C  Z  Ä  H  P  N  A
M  S  F  M  Y  U  B  R  Q  Z  K  F  G  D  N
```

GLATT	VÄRSTA
GRUNDLÄGGANDE	NORR
TRASSLIGT	LÖK
MINORITET	LÖN
KÖPTE	KÄNGURU
BEDRA	TÅR
BRA	SKALBAGGE
SLITNA	AVSTÅND
FRAGMENT	SÖDER
CUP	PILLER

Puzzle 61

```
M  A  L  X  M  M  Ä  N  S  K  L  I  G  P  F
Ä  Y  Ä  A  E  S  T  Ö  R  S  T  A  D  R  I
T  W  G  H  K  R  M  Y  Q  G  X  P  Z  O  C
A  D  R  G  A  K  U  L  W  Q  Y  Z  O  F  K
V  C  E  S  N  E  F  Q  K  V  W  J  V  E  A
C  M  C  E  I  N  F  A  Z  G  G  G  M  S  B
N  W  S  W  K  P  A  N  O  S  K  Z  Y  S  L
E  K  H  T  E  C  S  L  W  N  U  K  N  I  T
S  X  A  R  R  D  D  U  T  A  N  G  G  O  F
U  V  R  M  R  S  L  I  B  T  S  A  L  N  S
T  E  S  T  I  N  G  Å  N  G  V  T  I  E  I
B  Y  X  O  R  B  I  M  V  T  A  T  K  L  I
I  R  K  D  Å  N  R  W  T  D  R  A  O  L  C
T  L  W  Z  G  H  G  N  I  N  A  M  T  U  Z
```

VÅLD	GÅR
LÄGRE	MEKANIKER
VARA	TESTINGÅNG
UTMANING	MÄNSKLIG
TV-	LASTBILS
PROFESSIONELL	BYXOR
STÖRSTA	MATTA
TUSEN	UTAN
FICKA	MÄTA
KAM	SPIS

Puzzle 62

```
R A R E N I B M O K S I S D F
V S N Z O G L A M M L T Y I H
I Ä R S H E Q C E W Ä G G S P
U D N I Y N N I I T D I G O T
R H P T N S O H P Q E T I R N
A Z Ö X A P G Q K K V O U D F
P O Q R F E Ö T O D J B B E R
P Z E D N A S Y L Z T X K R U
A E T Z I U A P M U R T S Q K
T E K A T S L V I S S T E K T
S K Y L D I G C Z I W J G I A
I Z D S X C L N U R A P W Y P
H O T E L L O X O M U T T E R
Q U O P N E S G Ä L V A P S V
```

SLÄDE
FRUKTA
VÄNTA
BOET
IGEN
VISSTE
KOMBINERAR
SKYLDIG
SOLGLASÖGON
STAKET

ISTAPPAR
LAMM
HON
LYSANDE
STRUMPA
AVLÄGSEN
MUTTER
DISORDER
HOTELL
HÖRN

Puzzle 63

```
T  B  L  O  C  K  E  R  A  R  F  N  N  I  J
I  D  I  L  V  S  A  N  M  X  T  L  Ä  G  Y
L  V  W  T  Q  H  J  U  L  E  T  W  E  S  A
L  Ä  B  A  N  K  S  Å  D  A  N  P  E  R  A
G  X  H  W  E  I  L  F  L  P  V  P  E  R  A
I  T  B  G  D  Z  F  T  O  Z  U  T  F  Ö  R
V  P  D  T  D  B  G  R  A  S  S  E  R  D  A
E  R  A  Ä  B  V  E  R  B  H  H  E  J  R
N  I  N  T  R  E  S  S  A  N  T  G  L  E  K
H  G  G  S  G  V  Y  I  B  D  I  I  E  A  N
E  T  Ö  M  P  P  O  T  R  C  Z  D  F  G  W
T  L  I  V  W  N  H  A  F  H  U  E  A  B  S
F  Y  S  I  S  K  T  R  G  O  X  L  N  Q  P
C  O  H  E  P  J  L  G  V  C  C  Q  T  S  B
```

BANK	BREVBÄRARE
BARA	ELEFANT
VÄXT	FIN
UTFÖR	TOPPMÖTE
SÅDAN	LEDIGHET
ADRESS	TILLGIVENHET
HJULET	INTRESSANT
BLOCKERAR	GRATIS
NÄSA	FYSISKT
GRÄDDE	FLERA

Puzzle 64

```
K O Q Q B R B N B W F B M I F
T S K A T T E R Ö R D I Ä M V
X U V A V M S K O K A E N O F
D P T H F E I O E K T Z N R S
F A R F A R T G Ö H S C I G W
G J Ä T L Y T N C X M B S O R
X B M M L H E I E L E N K N J
R X S P Å X R N K L H T O V K
G N I N M Ä V S R E V Ö R N L
J I W S E U B S N E F R Å G A
Q U C L K E I I X X D Y K M H
B D Z A S T Q G A I U L M Z W
Y G Z O N T O T A L U B Å M S
J W V O Ö B E S L U T A R V M
```

ÖNSKEMÅL	FRÅGA
FARFAR	HEMSTAD
KOKA	ÖRE
ÖVERSVÄMNING	SKATT
MÄNNISKOR	ÅLDER
KVOT	OST
IMORGON	SMÅ
SMÄRT	BESLUTAR
BESITTER	TOTAL
GISSNING	HÖGT

Puzzle 65

```
O R G A N I S E R A R I Y E N
L L E N O I T I D A R T T X Z
W B A J B P U H Z E E D T P T
R Y N K A K S I R F K B R R C
M D R E G N O L L A B S A E M
Y R Z C Å C L E B B H B N S D
J J N W R E C O U P L I D S J
P O R E D F O K T X C F E V U
L D O Z G E L R I H Ä N G A R
B R I N G A D E K C F D I G N
S A K N A R T X U S Q A W H U
N K Y D A B F P L U R E N N X
L E D S E N H M P D K S E N I
A N L E D N I N G U Z G V X U
```

TRADITIONELL
DJUR
DUSCH
RYNKA
EXPRESS
GÅRD
ANLEDNING
SAKNAR
LEDSEN
DIG

FRISKA
BALLONGER
YTTRANDE
SKEDE
BRINGADE
FANN
ORGANISERAR
HÄNGA
UPPTAGEN
BUTIK

Puzzle 66

```
N G C Y K Q T S A M H Ä L L E
I A C C R T E T T A K S X H Z
D D Q M R Q L Å N A V F A L L
O R E H D N E A U X H P S A R
M Ä U N U K F B L K H K T M Y
I V T Y T S O P E J H O E I C
N S A Q W I N V G B X Q A C K
E N N C W T F V Å F I Q T E T
R A F F A N L I F R L S E D E
A T Ö S E E P Y E J G F R J P
N K R Y N D D A N R P O L I S
D U I S D I H L N S A J I U R
E R T Z E H S U U E R H T D C
Y F O F J D A N L L I K S L Y
```

STIL	IDENTISK
SKILLNAD	TEATER
TELEFON	DOMINERANDE
SKATTE	POST
UTANFÖR	NÅL
DECIMAL	IDENTIFIERA
LUNNEFÅGEL	SAX
BEBIS	FRUKTANSVÄRDA
POLIS	SAMHÄLLE
AVFALL	RYCKTE

Puzzle 67

```
Y  U  B  E  R  Ä  T  T  A  R  E  S  P  E  H
H  T  T  K  I  L  O  N  N  A  S  L  J  L  A
O  C  A  L  L  Y  H  K  O  B  C  K  A  X  L
V  H  V  Q  Ä  D  M  C  W  P  B  H  T  V  L
Y  S  A  F  D  N  Ä  K  C  O  R  S  R  T  O
C  Q  H  T  A  E  D  A  T  T  Ä  R  E  B  N
F  R  T  W  L  M  P  S  N  Q  X  P  P  F  F
D  L  X  H  G  A  E  I  K  F  T  S  X  R  L
N  L  U  Q  O  X  P  V  M  A  E  M  E  A  Y
C  D  O  F  W  E  P  E  M  R  O  C  H  M  G
V  S  E  S  F  U  A  T  A  T  M  C  I  G  P
D  Y  I  Z  F  I  R  W  Z  S  Y  H  T  Å  L
C  A  M  M  Ö  L  G  B  F  Ä  E  T  C  N  A
F  P  L  V  P  Q  I  A  Q  V  E  C  W  G  N
```

VÄSTRA	BERÄTTADE
FRAMGÅNG	BERÄTTARE
KÄND	EXAMEN
HALLON	HAT
GLÖMMA	OCH
SANNOLIKT	FLUFFIGA
EXPERT	VET
PEPPAR	FLYGPLAN
GLAD	BOKHYLLA
ROCK	UTLÄNDSKA

Puzzle 68

```
Q O I O J A K A Y T U U Å P L
G I E K Y G L L V M Q E T R Ö
X I J Ö J G C L Ä J Z X E E S
F M F P T R K S X D A H R S A
Ö M R T K E K O M D E D H T O
R J A O A S N J O A E R Ä A H
D L I G P S M P M R K L M N T
R H M Å M I O Z I B A R T D O
A D Å N O V E X A K T Y N A P
G L L N K N A X T B R H I I H
C P A E N G E L S K A R N O V
I U Z B M H Z E D M Ö L G T H
K O S T N A D E N E T H E L G
K O N T R O L L E R A D T N I
```

ENGELSKA	GIFTA
KLÄDER	AGGRESSIV
GLÖMDE	LÖSA
EXAKT	NÅGOT
PRESTANDA	KOSTNADEN
BAR	KOMPAKT
DEL	HELG
KOM	FÖRDRAG
ÅTERHÄMTNING	MÅLA
KÖP	KONTROLLERAD

Puzzle 69

```
Q D B F I R E S U L T A T E T
Q E E Y N I M Z J O Y W G V U
R J G C V B E S T Ä M M A K Q
E D Ä H A R E G I D E R M H T
L D R D D N Å G O N S T A N S
K E A D E R M M D Q R L O U U
O U N K R Ö S O L R O S J P R
E E N B A R J T L E P A F U D
R J B S I K C A Ä N M O O W S
E D D K K D S W T I U O R W K
T E T I L A V K S D R N M W S
T R J K N F P H N R T W A X X
Ö T J B L H F Z A A S E T B A
F K A R A K T Ä R G Q A F E E
```

BEGÄRAN
GARDINER
STRUMPOR
REDIGERA
KUNSKAP
KARAKTÄR
FORMAT
ANSTÄLLD
SKAKADE
NÅGONSTANS

RESULTATET
SOLROS
BESTÄMMA
LJUS
INVADERA
TREDJE
RÖR
ATOM
FÖTTER
KVALITET

Puzzle 70

```
H Z Q T U S C S K T U W T G I
V G D Z D N D N Q A X T S A N
U A D X L I V I C O M N I C S
T U R E D P G T Q J O E T I P
U Z Z F R A E T G V D B R I E
R B B W Ö M A T E R I A A A K
Q W Z U D R V L V A B A H W T
F N V S E S Y E Y V A Q F Q E
Q R W U Z E W H D K S M Q X R
S T O B B Y F V K O K A T K A
P C L S H A C K A L E M E R Y
V M I Å T S T O M W T S V O L
T I L L F Ö R L I T L I G S G
O R E G E L B U N D E N T A C
```

BASKET	DOM
HACKA	CIVIL
MOTSTÅ	KOL
SNITT	MATERIA
KAMERA	TUR
TILLFÖRLITLIG	HELT
KVAR	INSPEKTERA
ARTIST	FROST
BEN	OREGELBUNDEN
ROSA	VARFÖR

Puzzle 71

```
S O L E B T R Ä F F A D E E A
S R U N R T M L T I P N J F R
C A N I A G N I L F Ö N S I T
W R C A N J E V I S U L K N I
M E H E D P G M U K T N S S K
P I V L M P N L I J I O U G L
H N L R A A A M V N Z I L C A
A I T J N U S O F F A T V T R
T F G E O S F I X X B K R G G
T E O L D N N L X S W N N G R
Z D J U Z U E E Q Z I U Y Y Ä
G S C N P M J R T G N F Y N N
H Ä N V I S A R K X J B E S S
M U L T I P L I K A T I O N D
```

MILJONER   MIN
BRANDMAN   GRÄNS
SNYGGT   MULTIPLIKATION
DEFINIERAR   HATT
PAUS   ANGE
SNÖFLINGA   ARTIKLAR
HÄNVISAR   LUNCH
FUNKTION   INKLUSIVE
SOFFA   TRÄFFADE
FIX   STOLT

Puzzle 72

```
R O P S A N V Ä N D N I N G K
E G H L V U A J M Q C L Q I D
V M A D I A N O I T A R E P O
L H V I N Y L S N G O Z Z M P
I Q A M N N U T U V I M L E A
S G N U E Y A K T K J C S J G
Å E D M H S G L E D Å B K U H
B S E I Å P N S R H G E R U O
K S N X L U V G E E A E U R H
Q A B A L E M S J X Y V S Z W
H R G M A S A V J O T T B Z T
X K I R R I T E R A R T Ä C D
A C C E P T E R A M A T R A K
F R A M G Å N G S R I K D E M
```

SILVER
MINUTER
KRUSBÄR
GJORT
KRASSE
TUNN
DEM
MAXIMUM
HAVANDE
KARTA

SVALT
OPERATION
ROP
ÅSNA
ACCEPTERA
ANVÄNDNING
FRAMGÅNGSRIK
IRRITERA
INNEHÅLLA
BÅDE

Puzzle 73

```
B H O A G H P L H N O I W W Q
L E G N A I R T N G P C Q H S
G O V D L N R L J A R B Z F A
A M D I K D B G A D P K Z R N
N R A Z S I M M N É M R A Å T
S Å M C A K S Ä V U U J D G R
K D M M D E U K M F H E N A O
A E V C A R T X T B R Z A D P
Y Q W A E A S A P I O G L E S
L X L I N R I F H L L I B Q N
H A N D E N K U D Z V L X R I
V E T E A X T O R D E R S U N
F W J M D Z L Q M J D Ä H M N
G X O R X G Y S E P G H U B V
```

TILLS   FRÅGADE
SPORT   ORDER
VETE   INDIKERAR
VÄSKA   BEVIS
BLANDA   SANT
UTSIKT   HANDEN
TRIANGEL   HÄRLIG
MEDIA   OMRÅDE
ARMÉN   DAMM
GANSKA   HUNGRIG

Puzzle 74

```
P F H A S I D Ä R L B S P E G
P I A J D T S S Z A I S W K C
D Ö R R E N R M U T M N Y S S
G L E T Ö M B E Y R T L J C L
A A H S D G C V E E A P P A P
F Z A G A L K E N T T Q L G L
F P R Å C L M T K T T O Z Ö I
E R T V L Z U M U S Ä A R Y D
L A S I H A N G P M R P L D G
X T I C A P G S X A E P X E R
K A D R I G C E B K B O Q Z T
O E G S N M R T R I U S I M W
P A L S T E R N A C K A L E O
K K N Z L E X P E D I T I O N
```

DÖRREN	PRATA
STREET-TALET	LAGER
PAPPA	PALSTERNACKA
BERÄTTAT	EXPEDITION
LINJAL	ÖGA
MÖTE	SOPPA
DISTRAHERA	RÄDISA
DYRA	SYN
GAFFEL	VÅG
LAGA	SMAK

Puzzle 75

```
M R C K N Z E N H E T F L X Y
G R Ä N S E N G M V N O M I J
R K O B Y Y A A Z E V R T N X
E W K C Y L W V Z J P T M F B
B B E K A N T R T I Y S Y O D
V A G N R T W Å Z Q W Ä Y R P
K B D Q Ö A Q P A V S T M M V
Y O E O C W N S L C Ö T M A L
X Z P H G R S A A X M E G T I
V D A P I L Å T E N N R K I K
H T T E L O I V X U I H U O I
B Ö U V N A L L Ä H G Å L N L
W J R J Ä T A F V D K L V S L
G F K X V D L B P T M L X Z E
```

INFORMATIONS
BERG
VAGN
HÖR
SPÅRVAGN
KILLE
FORTSÄTTER
KUL
ÖRA
ORM

HÅLL
VÄNLIG
LÅTEN
SÖMNIG
HÄLLA
ENHET
VIOLETT
KOPPLA
GRÄNSEN
BEKANT

Puzzle 76

```
H R H Z S H H H G U N U G Q G
B I U M Q P K Z P W V T U H N
G K F Ö R D E L A R I S D G I
E A V A R M A R E X N E F V S
T S A L G S R A B N N E Ö A T
S T L F Y K D L R N A N R Z A
Å E A E O R N D U G M D M Q N
M H J W R K U P R P O E O D Q
N N P Q B Ö U M Z M T T D P B
J L O T A G T S S A E Q A J Y
E L E K T R I S K T L R D O S
V R E G E L V F R M L Y E J O
I G E L K O T T P Ö H R B O A
P P O H A M M A R E F K H I Y
```

FÖRDELAR	ARG
HAMMARE	GNISTAN
FÖRMODADE	RIKASTE
VINNA	MAT
UNDRA	UTSEENDE
ELEKTRISK	MÅSTE
IGELKOTT	VARMARE
MOTELL	FÖRSTÖRELSE
GLAS	HOPP
FOKUS	REGEL

Puzzle 77

```
W E G F I G L R E T S M A H M
N S K M S T A R K E T K M N I
R B M J U E N D C R O V N O S
F E T T L F G J I M R Ä O G S
Z J U H B I I W L O M L W G L
J U Z L S G S V B M I L K R Y
E L H A N N A N N E T U E A C
A F K R F O U V O T C Ä X N K
R D M A R A R T G E C W T N A
X J L B E X S K Ö R A U K A S
F D Y R A B Y T P E N G A R Q
U U I Y P W T H I S T O R I A
B B G D F Ö R M Å G A X I I F
S P R I D N I N G P D P I H O
```

HAMSTER	MISSLYCKAS
HISTORIA	SIGNAL
BLUS	NOGGRANN
IDAG	STARK
PENGAR	SPRIDNING
ÄTA	FAST
TERMOMETER	KVÄLL
DYRBARA	ÖGONBLICK
FÖRMÅGA	FETT
ANNAN	STORM

Puzzle 78

```
O  J  T  J  F  P  D  S  O  M  Z  C  U  M  W
L  U  U  Z  O  Y  Å  I  N  N  O  C  I  D  X
J  F  A  K  T  R  U  V  S  Q  S  S  D  U  F
E  F  F  N  O  R  I  A  E  K  R  E  D  A  N
I  E  I  V  G  L  K  K  A  R  U  W  L  N  A
H  D  C  E  R  S  I  Q  T  Z  K  T  S  M  H
B  O  R  T  A  A  K  C  I  L  F  A  E  Y  Z
S  L  H  K  F  D  E  N  N  A  I  Q  R  R  R
Q  B  L  P  I  S  O  C  K  E  R  N  O  L  A
M  G  A  V  E  R  K  L  I  G  A  N  J  F  K
E  T  G  F  Ö  R  H  A  N  D  L  A  N  E  S
S  K  N  A  P  P  A  F  R  Å  N  M  F  D  R
T  S  K  Ö  L  D  P  A  D  D  A  Y  G  Q  K
P  Z  C  X  O  G  V  N  Y  F  I  K  N  A  E
```

FÖRHANDLA	LAG
MEST	PÅVERKAR
OLJE	SOM
NYFIKNA	FLICKA
FRÅN	DENNA
BLOD	KNAPPA
BORT	SOCKER
SKÖLDPADDA	REDAN
VERKLIGA	DISKUTERA
RIKTLINJER	FOTOGRAFI

Puzzle 79

```
K R Ö M A S K R Ä M P P U S K
A K S N I M M X Q Y Q C J N G
L P F A K S O M M A R E N A W
K R Ö L G N I N T T O R D R T
O I L O A E I W S Q P S O T S
N M J K X R T W A M J A H R T
I Ä A S Ä E E L R G A L E N O
Q R W X V F W D B S E E G Q R
I A P Z S N H Y E I I T L K T
R G S R P O C A O F S K F G H
M A F M K K D P D P A G C P A
P N D E M O N S T R E R A S B
F Ö R H Å L L A N D E S N Å G
Y U K E G G Q D Q O G D J G R
```

VÄXA	DROTTNING
SNART	SKA
PRIMÄRA	SOMMAREN
MINSKA	SÅG
FEDERAL	DEMONSTRERA
GALEN	FÖLJA
KONFERENS	UPPMÄRKSAM
MÖRK	SKOLAN
BRAST	FÖRHÅLLANDE
KALKON	STORT

Puzzle 80

```
P S S C S V Ä R K S B M H I Q
D H R P D J W P X K L U B Z B
J U P X D H U A S O L K R L E
O F F I C E R K Z T A T S R D
R S A T T M A S H T K E A P R
B L O M M O R O E U S K A R I
C S U D I K E B S U S A W O V
H Ö G B O L C K W L W R G B A
U H O Q O D M R O L J B W L I
Z M L E D R Ö F U R O Y W E U
S H H O N E T N E I T A P M X
A L B W W Y O O T X J X J X R
S K J O R T A I M N H L Q Y O
S K Å D E S P E L A R E N P Z
```

STAT	FÖRDEL
DIKE	BLOMMOR
KRÄVS	SKJORTA
BORTOM	PATIENTEN
RAKET	HÖG
PROBLEM	BOSKAP
SJUKHUS	SATT
OFFICER	SKÅDESPELAREN
BEDRIVA	SKAL
BUR	SKOTT

Puzzle 81

```
F  Ö  R  S  V  A  R  A  K  B  M  B  F  N  H
H  R  W  S  H  M  D  M  B  N  A  G  M  Ä  A
A  P  R  S  P  C  Ö  F  E  T  I  J  A  R  N
G  O  N  Ö  V  E  R  L  E  V  A  V  J  I  T
F  O  R  M  E  L  B  D  Ä  R  F  Ö  R  N  E
G  U  A  A  F  Ö  R  F  A  L  L  A  A  G  R
L  X  B  S  E  V  I  G  Q  F  V  R  G  S  I
I  G  O  N  K  C  B  N  R  F  W  E  N  Ä  N
D  C  I  E  A  I  X  S  Z  G  U  D  I  M  G
H  E  T  R  N  T  T  F  O  X  T  N  N  N  I
A  R  Z  A  T  T  X  I  Z  N  M  A  T  E  D
V  A  G  G  E  G  L  U  L  K  T  P  K  N  O
S  B  P  Ä  Q  B  L  A  H  O  Q  X  I  B  M
I  W  V  Q  J  Q  P  M  L  R  P  E  R  Y  M
```

GLIDHAVS	FÖRFALLA
BARN	RIKTNINGAR
ENSAM	HANTERING
ÖVERLEVA	NÄRINGSÄMNEN
KANT	GAV
ÄGARE	MAJ
DÄRFÖR	POLITIK
FORMEL	EXPANDERA
KNIV	FÖRSVARA
BRÖD	MODIG

Puzzle 82

```
P  Z  K  C  L  H  A  B  B  A  R  K  Q  F  F
F  Ö  R  V  I  R  R  A  E  Y  O  L  W  P  G
U  E  U  X  K  N  T  H  U  S  N  E  B  N  Ä
K  T  H  I  O  O  F  B  A  U  V  U  T  I  L
A  F  Ö  R  S  I  K  T  I  G  A  I  Q  V  L
R  W  L  V  M  T  W  J  K  N  S  A  K  Å  E
B  A  A  N  Ä  I  M  Ö  A  I  S  E  A  E  R
E  Y  T  W  N  B  T  B  P  N  E  Q  R  X  N
T  H  O  K  V  M  L  G  I  S  B  G  I  A  G
S  N  I  W  E  A  R  T  T  Ö  N  A  N  K  U
Ö  V  E  R  E  N  S  C  A  L  U  S  S  B  L
N  Y  L  O  X  G  T  Z  L  R  J  K  E  V  K
P  J  P  D  S  F  M  O  R  G  O  N  R  Z  H
S  A  N  D  S  L  O  T  T  K  U  L  I  N  D
```

ARBETS	GAS
MORGON	FÖRVIRRA
KRABBA	AMBITION
SANDSLOTT	NIVÅ
BÖJT	LÖSNING
KAPITAL	MÄN
BESVIKEN	SER
INSER	ÖVERENS
GÄLLER	FÖRSIKTIGA
NEKTAR	LUGN

Puzzle 83

```
M E D D O R T L B F F K Z X Y
J R Å J K R T A T R D U D P Q
H Y L A Ö O E T Z A B R E T Ä
W C I X E H N A Z M Ä S H I P
A Q G G Å V A K R Å R Å K J M
P Ä F Y S T V I U T C G V L W
T V R I M I S P P R A K S D K
M E O S A X M O H K R D M K D
B N R A S Q P M U Q A E C J U
R Z T L N I F R A C D K N F E
O W W W E W C B K R O N A S J
A G Z F M B X S S M B V W R G
J T M H E P J Q I Z C E Z N E
U S X N G I L O R O Y S J N R
```

SVAN	LATA
FRAMÅT	GÅS
GÅVA	SKARP
TRODDE	RIM
KRONA	KONKURRENS
ÄTER	OROLIG
KURS	GEMENSAM
ÄVEN	DÅLIG
TROR	HÖJD
BÄR	SIMMA

Puzzle 84

```
K M S E T I G N I N L Å M T S
K A M E L U U Y Q J L F U R A
A Q V V U G K F C M A Ö S Ä M
S V H X R Y W V E A P R E D M
S Ä L G I J H P R Z A B U G A
K T R L E V A N D E R I M Å N
D O O S V I M P O N E R A R F
J S R R K E L V A Q L O F D A
M P Ö V L I S S H Y U T O W T
S N F O Ä E L L S O T I N E T
U N M V V L K T Z P A N T Y A
E D Ä L U T N I N G R O Ä S H
O F J C H G J S U E G M N V H
Z G P X E L Ä N D E I H Y R W
```

LEVANDE
MUSEUM
JÄMFÖR
SAMMANFATTA
ELÄNDE
LUTNING
TRÄDGÅRD
KORV
GRATULERA
PALL

ELVA
KAMEL
MÅLNING
SÄRSKILT
IMPONERA
VÄL
STORLEK
FONTÄN
FÖRBI
MONITOR

Puzzle 85

```
R C U N N V X A N S K K N X V
D I T L L A T S Ä B U O E A I
C R O S S A M R A D I L G M C
L K O Q P V I S O O T L I R K
I U Z K U J M D Ö L Q A L E A
E L I F L L O R T X M P N H E
D Ä L O V L G P U G P S O Å N
A R O R M Z I T R J F A S L O
J I B Y A Z B V G I L O R L R
A N S T R Ä N G N I N G E S M
G S O G G U S P S X F K P H A
L A H E O K R I T O R O B Ä A
C C U H R T D R Z R Z U T X Y
Z W R Y P N B F W H Z V B A R
```

ENORMA	ANSTRÄNGNING
VICKA	ROLIG
ÖDMJUK	FOT
HÅLLS	MASSOR
BÄSTA	HÄXA
CIRKULÄR	PAR
ARM	KRITOR
ALLTID	VILLKOR
ROLL	KOLLAPS
PERSONLIGEN	PROGRAM

Puzzle 86

```
S  T  Y  R  E  L  S  E  V  M  H  Y  M  F  L
F  I  P  I  I  R  J  R  E  I  S  Å  Ö  Z  F
A  G  N  S  F  I  C  K  G  N  K  G  R  X  L
G  A  R  D  E  R  O  B  E  N  O  B  D  T  F
U  D  N  A  H  N  A  I  T  S  S  M  Å  G  O
F  P  T  K  S  I  T  K  A  F  P  W  Y  T  X
A  D  P  F  Z  B  S  L  B  W  A  K  F  Y  K
M  W  Y  T  Ä  R  G  N  I  N  D  Å  N  E  B
I  N  M  U  Ä  I  W  O  L  F  U  E  Y  X  M
L  X  E  A  X  C  W  K  I  L  J  U  B  D  A
J  H  C  D  I  G  K  C  S  W  B  T  T  H  R
E  D  U  I  D  E  J  A  K  F  Z  L  G  S  K
R  S  G  N  I  R  E  T  A  D  P  P  U  I  Ö
T  T  F  T  I  L  L  S  A  M  M  A  N  S  R
```

MARKÖR
STYRELSE
BENÅDNING
TACK
DRÖM
GARDEROB
MINNS
BÅT
GRÄT
TILLSAMMANS

UPPTÄCKA
HÅRT
UPPDATERINGS
SIR
SKO
VEGETABILISKA
FAMILJER
FAKTISKT
FICK
BJUDA

Puzzle 87

```
D  S  P  J  Q  S  W  R  W  Q  L  M  G  K  A
B  I  T  A  D  I  D  N  A  K  W  O  K  O  G
O  W  K  J  M  H  D  Ö  E  F  J  T  V  M  T
C  J  E  Z  Ä  A  D  R  X  Z  A  I  A  B  L
M  Z  J  N  A  R  D  G  P  U  S  V  R  I  G
S  X  B  R  E  Ä  N  W  C  Q  D  A  T  N  F
G  C  O  P  G  I  A  A  T  T  Å  T  A  A  A
Z  O  J  Z  W  R  R  E  K  Ä  S  I  L  T  P
M  R  L  D  Ä  R  T  U  N  K  W  O  M  I  F
O  G  A  V  P  A  S  W  T  X  S  N  N  O  Ö
G  S  P  W  L  K  I  S  O  A  G  H  J  N  R
W  Y  U  K  Å  L  N  E  T  U  N  I  M  K  G
K  V  I  N  N  O  R  T  L  N  P  N  D  Z  Å
G  R  Ä  S  I  B  K  F  I  K  E  G  F  T  S
```

KARRIÄR	STRAND
KVINNOR	GRÄS
MINUTEN	GRÖN
KNUT	KÅL
STJÄRNA	SÄKER
KOMBINATION	ÅTTA
OBJEKT	MOTIVATION
GOLV	FÖRGÅS
KANDIDAT	NATUR
TRÄD	KVARTAL

Puzzle 88

```
T U U K A R D S M E L D E M F
H A S T I G H E T R A Ä V W Ä
E U N X T A L A D E K R T V R
X W M K M Y P T S D D A B T S
V I L D R E S T E N N G O G K
S M Z E U T G Ä W A A S M I F
P N E S A A N S Y S L V U L Ö
F Ö R S Ö K E R Q A B O L N R
N P A U A L A Ö K R G B L E O
I H L W V I Q T X O Y O W R L
J A G G A S B S I D M S E L Ä
K Z E Z Y D M Q Y E L M N E M
O R P Y O V U F N S U B E M P
Q H S H I N D E X S N H P R A
```

RESTEN   SPEGLAR
STÖR   SÄTT
INDEX   MEDLEMS
VILD   FÄRSK
FÖRSÖKER   BOMULL
KOMMER   VAN
TALADE   HASTIGHET
LÄTT   FÖROLÄMPA
ENLIGT   RASANDE
BLAND   DESS

Puzzle 89

```
A V F Ä R D A A I H Y G U Z B
U Y K S A I V R I G E B N I N
O J F P V D F W O H B Z T L P
N A M S P A K S N E T E V P R
U B N V F W W N L F V J U P O
T G I L G A L I G O L O I B F
S E D N A T E R T T A R K S E
E I T U G Q I P K M A D D E S
F K N X S T A R K A R E Å E S
T S J G Ä T R I C K S R A L O
I V M U R V O S E Y N D Z R R
T A V L Ä G S N A F Ö I M R C
T U P P F I N N A D J U G U L
A Q X Z R M S I K S E G L A V
```

IVRIG	UPPFINNA
TRICK	AVLÄGSNA
SEGLA	PRINS
SOVRUM	SNÖ
PROFESSOR	LAGLIGT
TITTA	SKRATTRETANDE
VETENSKAPSMAN	AVFÄRDA
VÄXTE	JORD
LÅDA	STARKARE
BIOLOGI	UTSE

Puzzle 90

```
F  I  T  W  U  T  Q  I  J  L  K  H  T  M  O
Ö  D  A  Q  P  Å  K  S  L  Y  K  Ö  Y  Ä  L
R  E  W  P  P  T  E  D  B  P  A  S  C  L  T
V  F  A  L  G  N  I  D  N  E  M  T  K  N  D
Ä  C  J  Q  I  J  R  A  K  M  N  W  A  K  T
N  K  X  R  F  P  R  L  V  E  U  S  Q  W  R
T  Y  E  Z  T  Z  X  B  L  F  D  E  I  E  O
A  V  Q  E  E  K  I  W  I  D  W  J  Y  N  L
S  A  Y  A  R  E  V  R  E  S  B  O  A  K  I
V  A  T  T  E  N  K  O  K  A  R  E  L  A  G
Q  Z  R  Ö  G  R  A  L  K  P  T  I  D  W  E
E  J  A  K  A  M  P  G  M  A  I  G  Ö  Q  N
I  N  T  E  R  N  A  T  I  O  N  E  L  L  P
Q  O  S  V  A  R  A  K  T  I  G  H  E  T  F
```

FÖRVÄNTAS	FEM
KAMP	OBSERVERA
UPPGIFTER	INTERNATIONELL
BLAD	TROLIGEN
KIWI	START
KEDJA	VATTENKOKARE
KLARGÖR	TÄT
ÖDLA	VARAKTIGHET
BENSIN	HÖST
DINGLA	KYLSKÅP

Puzzle 91

```
B  T  O  Y  P  A  K  S  N  E  T  E  V  R  A
X  I  Ö  B  I  N  S  O  O  O  A  P  S  Ä  N
G  Z  H  M  L  T  I  I  I  M  K  Y  K  T  T
K  A  R  O  D  E  T  K  S  U  O  A  I  T  I
H  C  O  O  V  C  A  N  R  V  V  L  C  P  N
C  L  F  D  Y  K  R  K  E  F  D  S  K  S  G
G  Z  V  T  Q  N  K  Q  V  K  A  Y  A  M  E
E  J  A  E  I  O  C  W  B  O  S  S  Ö  N
C  L  R  H  C  N  M  A  R  E  N  A  W  R  B
G  I  G  G  V  G  E  E  V  A  T  T  E  N  I
T  M  O  I  N  S  D  D  H  Y  N  V  T  H  J
F  A  L  L  C  B  V  Ä  L  K  O  M  M  E  N
T  F  R  Å  T  O  A  N  S  I  K  T  E  S  U
E  P  J  H  X  K  G  M  Q  T  X  W  K  I  D
```

VERSION	SKICKA
VARG	HOV
ANTINGEN	ANSIKTE
RÄTT	VETENSKAP
DEMOKRATISK	FALL
ARENA	VÄLKOMMEN
ADVOKAT	FAMILJ
TÖMD	HÅLIGHET
ANTECKNINGSBOK	VATTEN
HEM	SMÖR

Puzzle 92

```
R K S N I C I D E M F B D F S
N A T I O N E L L A Ö G E T A
T U L S E B O Y E G J B W L F
W T J G M Ä R K E N I M L O F
R A Q N Å S Q R J Å X C E E Ä
D N A I J F I Z X F K X O G R
J D F R N Q U T L G K F P J T
Ä B I E T J I M U V Q R V H N
R O D G N Ä M T Y A D I Y K I
V R Y E B I L L I G T F I A O
A S A R U M I F Q W S I S T N
C T L O K A L I S E R A O T I
L E G R Å T A F L B A O I N O
K A N A R I E F Å G E L V R X
```

DJÄRVA	GET
MEDICINSK	INTRÄFFA
KATT	SITUATION
FÅNGA	NIO
KANARIEFÅGEL	BESLUT
NATIONELLA	REGERINGS
MÄNGD	GRÅTA
MÄRKE	TANDBORSTE
LOKALISERA	MÖBLER
FÅGLAR	BILLIG

Puzzle 93

```
G A T D N A H C N E M F L L I
U X D E D N O I T K S Ö Y Y G
T E K C F R J T Y S Y R C H N
O L R E A I Ö B R O R S K P O
M P O N I L C S S L A V L O R
H M K N I C M T T O S A I Ä E
U O U I X Z Y X I A O R G N R
S K S U Y S N H Q O Y K A G A
E N P M U R X K N N N H S T V
S U B C O M P A C T V I T K A
S N Ö G U B B E M N O O E Z O
T E L E S K O P H S J P Z M O
L E M E A R S Ä N D N I N G S
F R C A W V V W V X P Y G Z C
```

RÖSTA	KOMPLEXA
FICTION	SUBCOMPACT
TIONDE	LYCKLIGASTE
POÄNG	KROKUS
DECENNIUM	RUM
BROR	VAL
AKTIV	SNÖGUBBE
HANDTAG	TELESKOP
UTOMHUS	SÄNDNINGS
IGNORERA	FÖRSVAR

Puzzle 94

```
F  Ö  R  K  O  R  T  N  I  N  G  B  H  T  U
K  Å  T  G  Ä  R  D  O  I  J  S  U  G  H  I
E  T  R  T  Y  S  U  E  F  F  P  D  R  H  P
Y  S  P  A  R  A  X  H  Z  S  T  S  P  Ö  Z
X  E  G  R  U  T  K  U  R  T  S  K  O  J  J
F  F  H  V  J  Z  Å  M  N  A  I  A  J  A  C
N  H  T  V  P  T  U  T  I  S  Y  P  K  C  Y
G  Ä  Z  L  P  K  E  Y  T  N  M  L  E  U  K
Q  N  R  V  X  N  D  M  O  I  O  K  U  A  E
Y  D  D  W  V  U  T  N  A  V  O  G  G  V  L
S  E  S  R  E  P  A  R  A  T  I  O  N  S  M
U  L  B  M  V  P  Z  E  S  U  O  I  H  X  U
N  S  F  H  A  A  V  G  Ö  R  A  S  Q  Q  F
Y  E  E  L  V  L  E  D  N  I  P  S  T  K  U
```

SPINDEL	CYKEL
INSATS	FÖRKORTNING
PUNKT	HÄNDELSE
ÅTGÄRD	BUDSKAP
OVAN	FEST
TEMA	SMAL
POJKE	HÖJA
REPARATIONS	SPARA
ÅTTIO	JURY
AVGÖRAS	STRUKTUR

Puzzle 95

```
F  P  L  X  G  Y  W  O  D  O  B  S  Q  U  A
I  R  T  E  Z  A  K  C  Ä  T  E  T  I  C  N
O  A  O  S  L  P  L  L  Ö  F  R  O  F  L  S
Q  P  M  N  U  M  D  O  W  I  Ö  L  F  P  V
D  P  T  O  T  A  U  L  P  M  V  N  V  L  A
U  O  V  I  Ö  L  N  R  A  P  A  K  S  O  R
W  R  U  T  S  S  S  J  M  A  C  L  X  N  T
N  D  G  A  A  K  I  R  K  S  J  H  N  R  L
X  Ö  T  T  F  U  O  N  I  C  I  D  E  M  P
T  N  H  I  L  J  D  N  O  G  D  G  N  T  E
N  S  N  V  S  Y  B  T  L  O  I  Z  U  L  B
X  J  D  A  K  N  U  J  S  Y  W  J  O  A  A
Z  H  A  R  C  A  Q  Y  H  Q  A  A  I  S  V
P  P  Q  G  R  M  F  L  P  U  H  F  N  Z  Z
```

BERÖVA	ANSVAR
FÖLL	MOT
STOL	NOG
SKAPAR	LAMPA
MEDICIN	SIN
SJUNKA	SNÖDROPPAR
DUNS	TÄCKA
GALOPP	SÖT
GRAVITATION	FRONT
FAS	SKRIK

Puzzle 96

```
L  I  R  T  N  U  S  W  S  H  E  M  F  M  G
D  S  O  E  B  W  S  V  U  U  T  E  N  M  K
D  F  M  H  N  B  E  E  A  D  V  T  N  E  R
K  Ö  N  T  Y  N  R  A  V  R  M  V  T  D  Ä
E  R  J  T  S  P  I  T  E  N  N  I  S  B  V
Q  K  P  Ä  R  R  E  V  O  G  H  R  N  O  A
A  L  D  L  E  O  K  S  S  G  W  T  O  R  Z
T  A  R  V  V  F  F  K  Ä  R  L  E  K  G  L
M  R  G  M  Ö  M  A  R  K  U  Ö  H  M  A  F
S  A  S  N  I  G  E  L  R  A  D  F  Q  R  M
D  K  E  T  O  I  L  B  I  B  H  A  R  E  J
H  N  M  N  M  Z  M  T  A  C  M  Q  R  N  S
D  I  D  J  F  C  K  B  M  D  A  F  U  L  X
J  P  P  J  P  P  L  V  I  S  S  E  J  S  S
```

ÖVERSYN	BIBLIOTEK
MARK	HAR
KRÄVA	HUD
SVAR	MOR
KÄRLEK	FÖRKLARA
SERIE	MEDBORGARE
VISS	VAR
LÄTTHET	TENNIS
SNIGEL	FÖRSVINNER
BAD	KONST

Puzzle 97

```
Z  T  C  F  Y  A  F  M  A  M  D  X  L  X  G
A  V  K  B  Ö  O  R  V  Ä  L  Y  C  Y  X  R
S  Y  F  T  E  R  A  G  E  R  A  N  E  S  Y
L  K  Q  Z  Q  O  U  Y  Z  E  K  E  T  A  N
Q  C  B  A  R  H  A  T  V  G  A  L  S  Q  I
X  I  M  A  G  E  N  V  S  R  T  Å  I  J  N
B  L  Å  S  A  D  P  H  T  Ä  U  K  M  G  G
W  B  I  J  N  K  C  Y  E  F  G  S  Y  N  E
Q  I  B  O  D  C  E  X  R  L  U  A  W  Z  N
E  D  A  V  R  U  S  L  K  E  B  C  G  W  I
A  S  V  L  O  C  R  H  M  D  A  L  L  A  S
V  A  C  K  R  A  R  E  O  A  Q  X  S  I  N
B  L  Å  K  L  O  C  K  A  R  E  S  R  B  V
B  E  S  K  R  I  V  E  R  E  Q  W  L  I  M
```

SKÅLEN	BLÅSA
SYFTE	ORDNA
FÄRGER	VACKRARE
LEDARE	LIM
SALLAD	BLICK
GRYNINGEN	ORO
FÖRUTSÄGA	MAGEN
MYNT	OMKRETS
BESKRIVER	SENARE
BLÅKLOCKA	MÄRKLIG

Puzzle 98

```
N  K  D  Ä  E  N  O  N  V  V  P  W  K  D  P
Y  U  W  N  O  G  K  F  X  A  R  Y  F  A  E
E  V  Z  T  X  Q  X  R  U  P  P  F  W  T  N
L  K  L  L  Y  Z  H  K  A  E  M  W  J  O  N
D  S  Ö  I  R  E  S  B  R  N  V  U  Z  R  A
F  L  E  G  V  V  B  R  Q  E  Q  M  L  T  M
L  H  B  E  K  C  I  T  S  D  P  U  G  S  U
U  F  M  N  S  Ö  Y  I  Y  N  O  J  E  L  F
G  K  L  Y  P  M  S  L  O  U  K  V  T  A  E
A  F  K  S  I  T  I  R  K  B  Z  R  S  A  L
A  K  S  A  L  F  M  B  Ö  W  T  E  M  Y  P
G  X  R  L  O  R  G  U  G  F  R  T  A  X  I
L  Å  S  S  T  P  U  L  V  E  R  N  R  N  A
E  R  F  A  R  E  N  H  E  T  G  I  F  T  J
```

DATOR	PULVER
ERFARENHET	LÅS
FYRA	FLASKA
FÖRSÖK	ÄNTLIGEN
LEJON	INTERVJU
SLUMP	KRITISK
ELDFLUGA	SERIÖS
BUNDEN	PENNA
VAPEN	STICK
PILOT	FRAMSTEG

Puzzle 99

```
B  U  L  L  L  O  R  T  N  O  K  D  A  L  J
C  E  K  N  A  M  E  T  S  N  Ä  J  T  A  I
M  M  S  O  I  I  G  K  R  W  A  N  H  G  T
H  O  I  Ö  K  X  N  E  E  R  Ä  N  T  A  N
T  W  T  X  K  B  B  P  L  K  T  W  A  A  I
Z  V  K  S  J  O  Å  S  I  E  B  D  N  K  C
H  X  A  Y  A  Z  G  E  G  G  W  D  N  I  V
M  H  R  E  A  T  E  R  I  C  R  Z  A  F  E
P  L  P  S  F  W  T  Y  Ö  K  E  Å  O  I  R
G  N  I  N  T  T  A  K  S  P  P  U  H  N  K
A  R  E  B  R  O  S  B  A  T  T  O  R  G  T
S  G  M  D  Y  K  N  I  N  G  D  O  N  A  Y
S  T  U  D  E  N  T  O  M  R  Å  D  E  M  G
N  A  T  U  R  L  I  G  A  R  A  V  R  Ä  N
```

STUDENTOMRÅDE	ANNAT
ABSORBERA	RESPEKT
TJÄNSTEMAN	KONTROLL
REGNBÅGE	VERKTYG
MAGNIFIKA	BESÖK
GROTTA	NÄRVARA
NATURLIGA	RÄNTA
DYKNING	MOTSATT
GRÅ	RELIGIÖSA
PRAKTISK	UPPSKATTNING

Puzzle 100

```
L J K T N X J L A U F M Å T Å
N P I N K L M N L O X A R R T
L Å N A H I R O A C R T S X E
P R I V I L E G I U M C D K R
R N T J H S T Å R F Y H A D V
C L Q A H Z Q N E Ö J M G B Ä
F Y M I S S R W T R B M E L N
H L Z J Z I F V A K U S N Ä D
D A H B Q N V R M L L O E C X
P R O J E K T V H Ä L L K K L
S Y S T E R Y B A D A D C F P
M F B T C H I C K E R A E I E
K O L L I D E R A R P T T S H
U P P M Ä R K S A M H E T K I
```

UPPMÄRKSAMHET
PRIVILEGIUM
MISS
KOLLIDERAR
TERM
ÅTERVÄND
MATERIAL
LÅNA
AVVISA
FÖRKLÄDE

BLÄCKFISK
PROJEKT
SYSTER
NÅGON
TECKEN
BULLAR
SOLDAT
MATCH
ÅRSDAGEN
CHICK

Puzzle 1

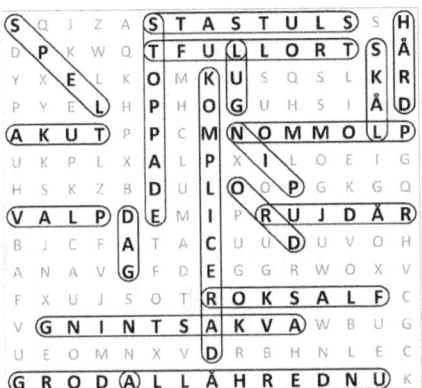

Puzzle 2

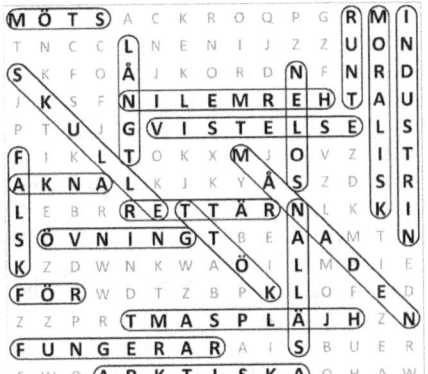

Puzzle 3

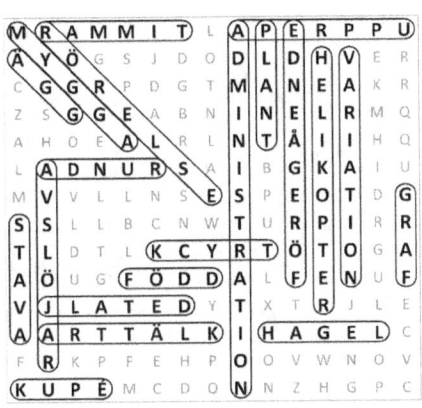

Puzzle 4

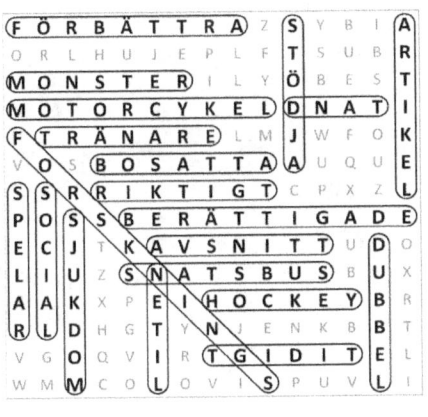

Puzzle 5

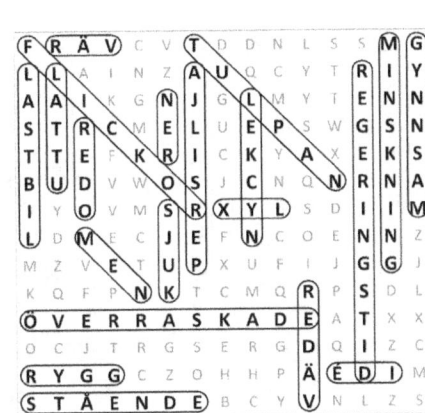

Puzzle 6

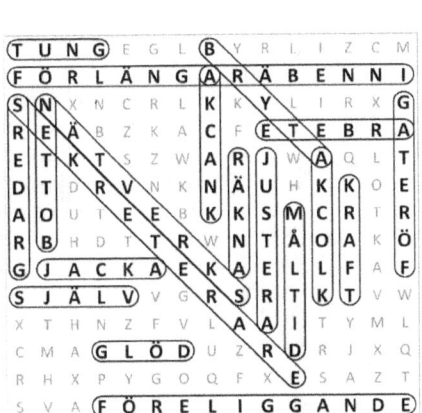

Puzzle 7

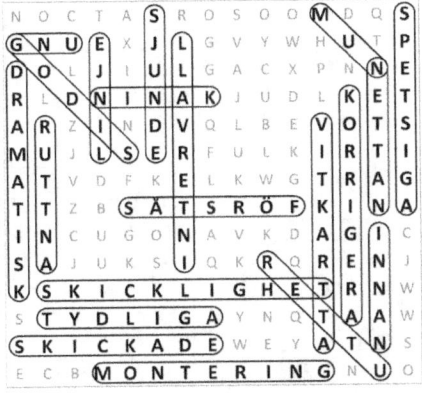

Puzzle 8

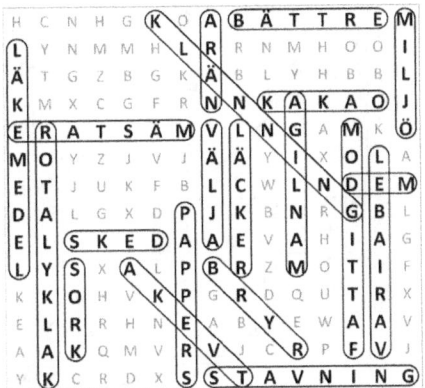

Puzzle 9

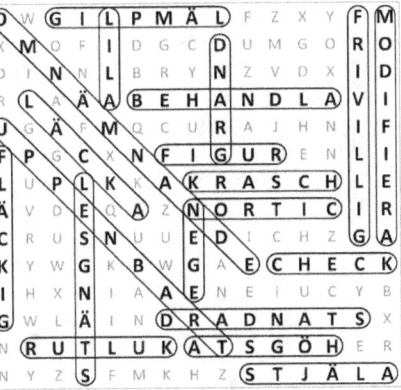

Puzzle 10

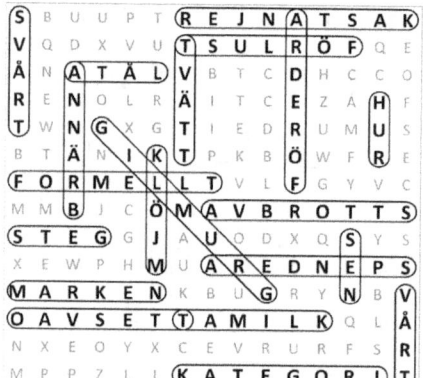

Puzzle 11

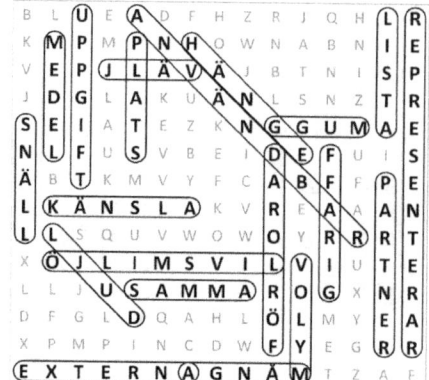

Puzzle 12

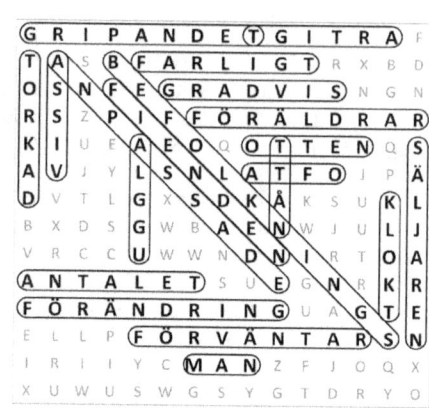

Puzzle 13

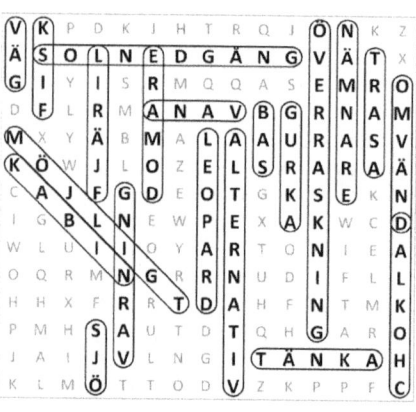

Puzzle 14

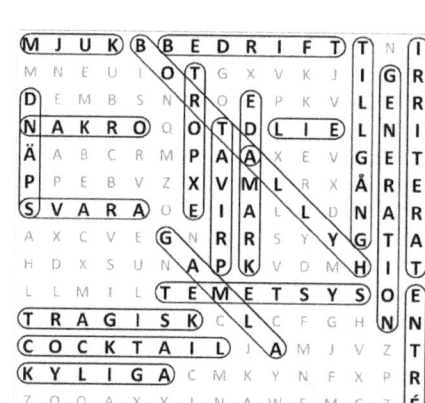

Puzzle 15

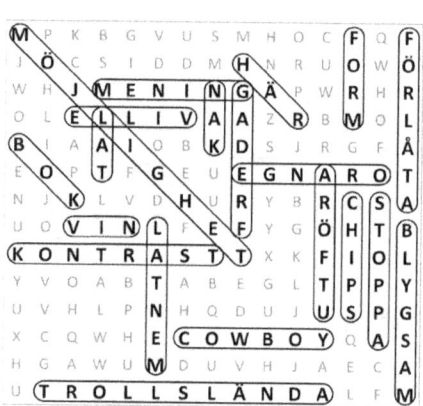

Puzzle 16

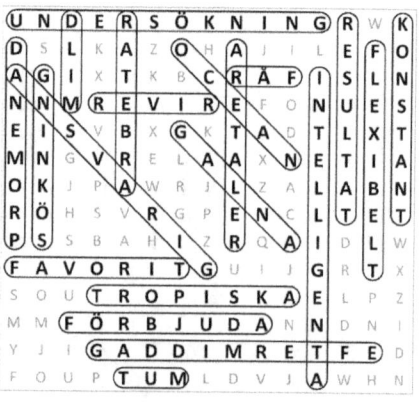

Puzzle 17

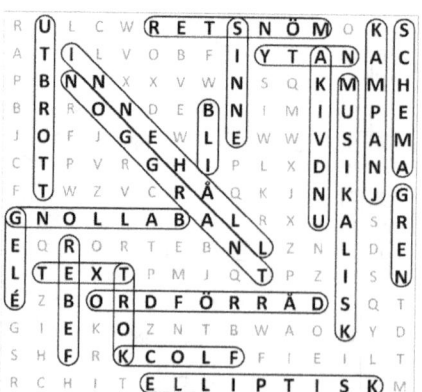

Puzzle 18

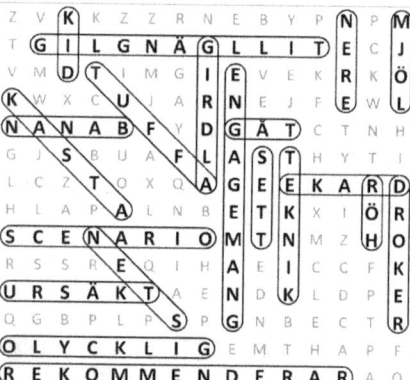

Puzzle 19

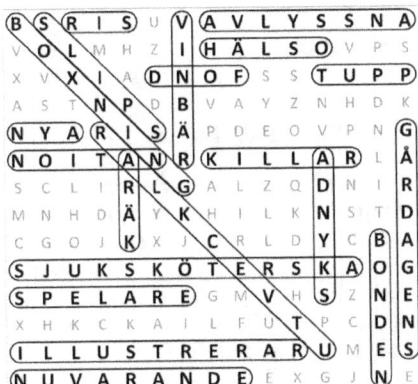

Puzzle 20

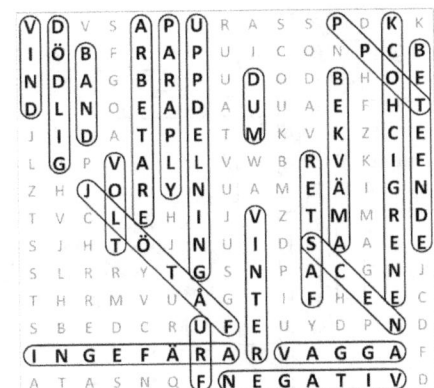

Puzzle 21

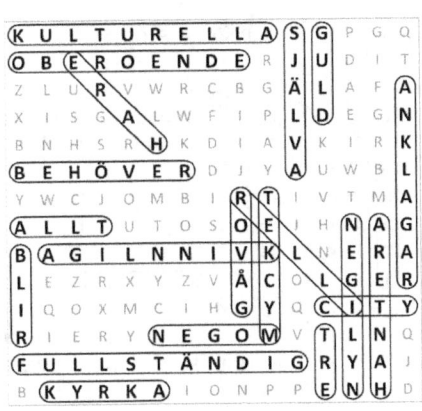

Puzzle 22

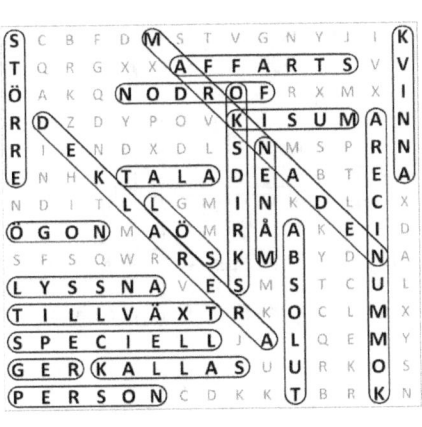

Puzzle 23

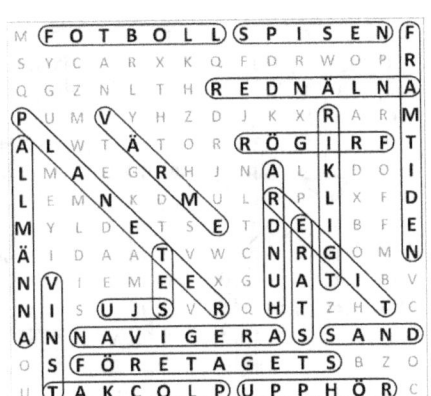

Puzzle 24

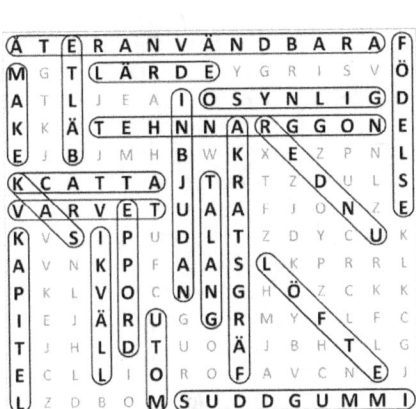

Puzzle 25

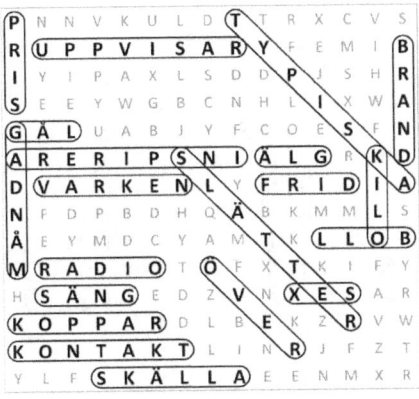

Puzzle 26

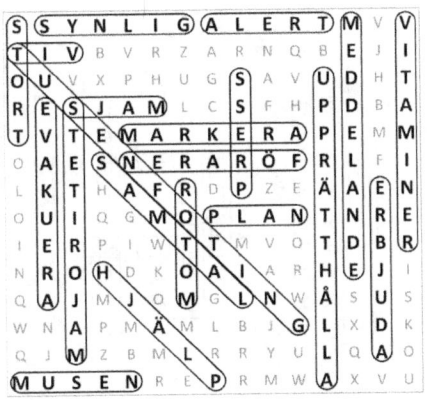

Puzzle 27

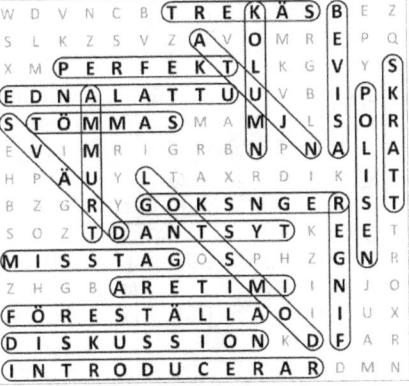

Puzzle 28

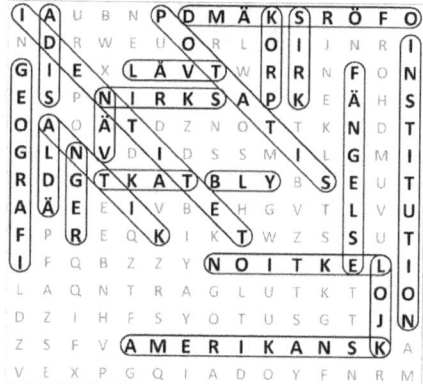

Puzzle 29

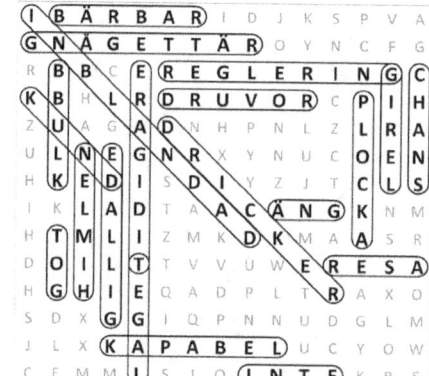

Puzzle 30

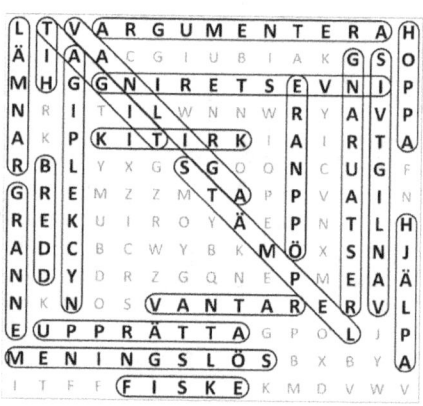

Puzzle 31

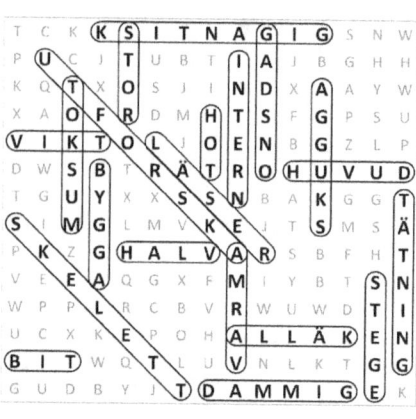

Puzzle 32

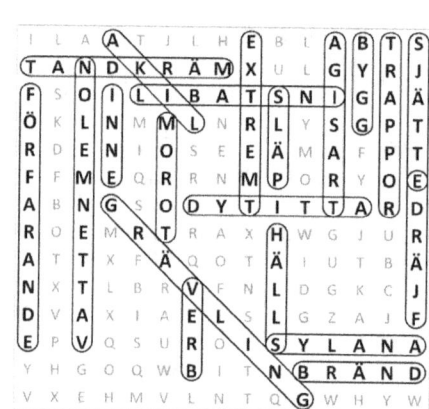

Puzzle 33

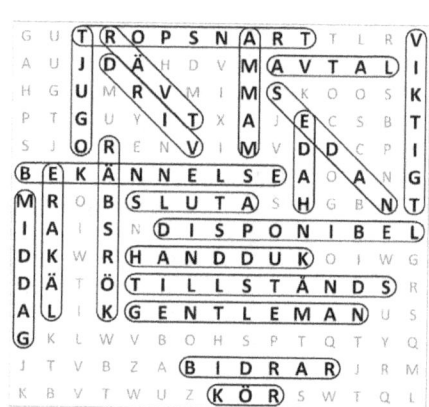

Puzzle 34

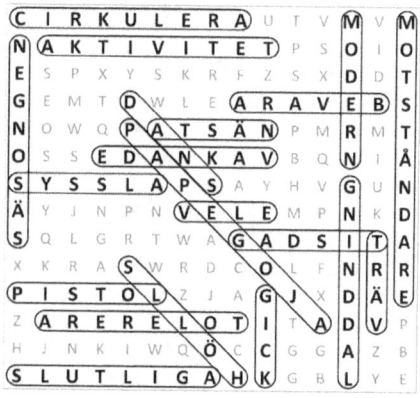

Puzzle 35

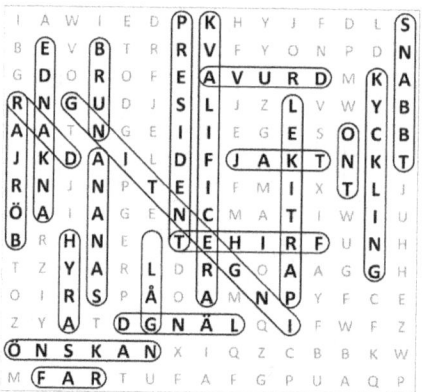

Puzzle 36

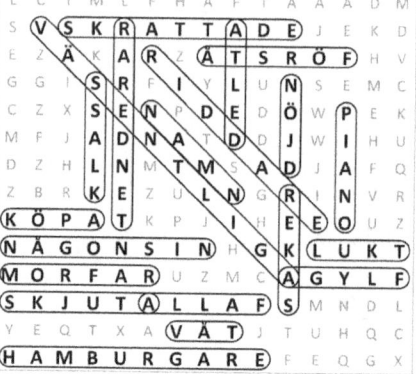

Puzzle 37

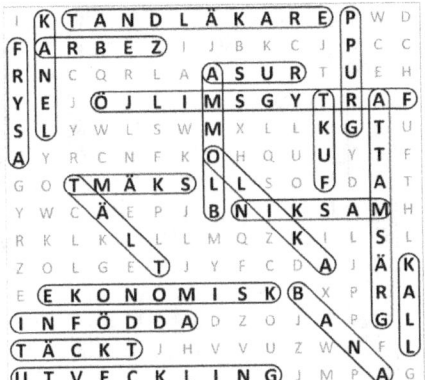

Puzzle 38

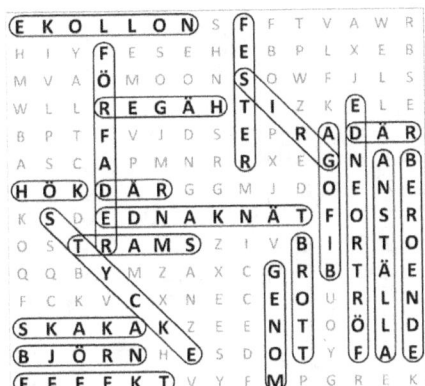

Puzzle 39

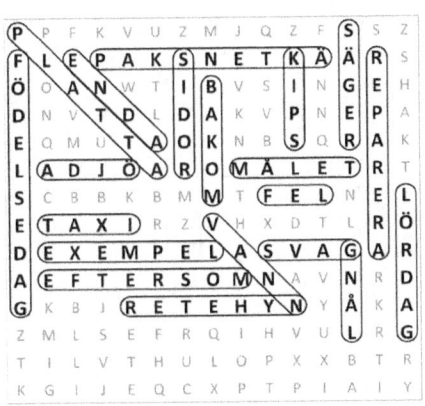

Puzzle 40

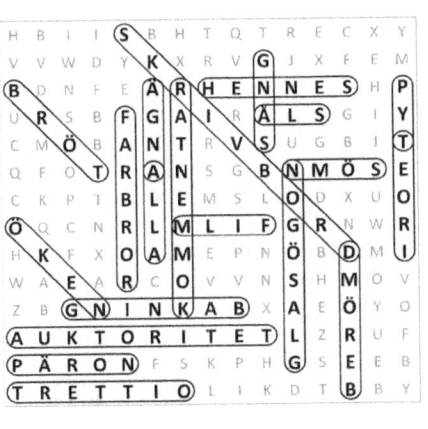

Puzzle 41

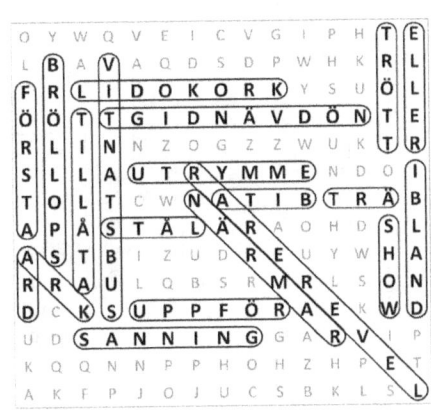

Puzzle 42

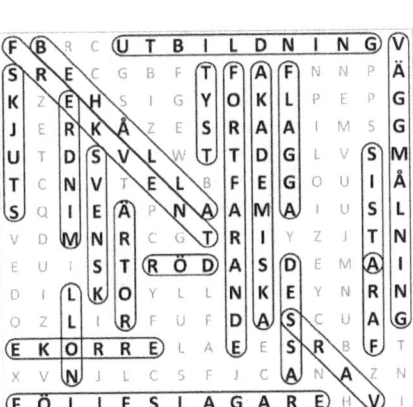

Puzzle 43

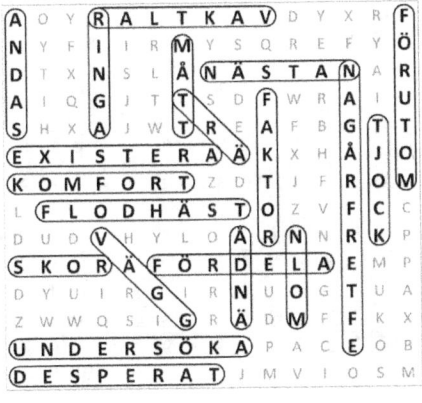

Puzzle 44

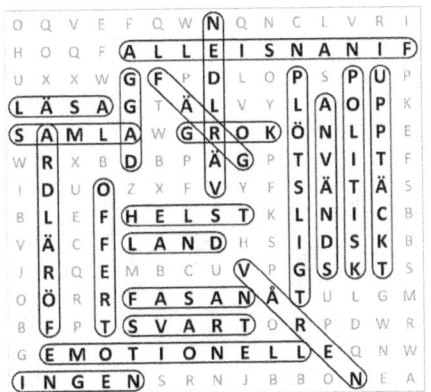

Puzzle 45

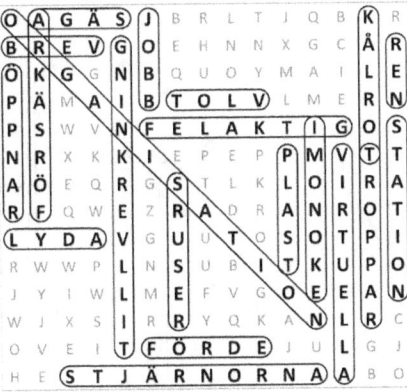

Puzzle 46

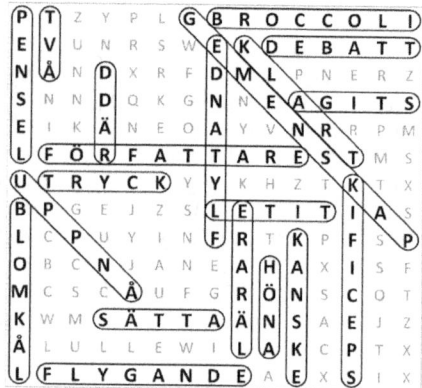

Puzzle 47

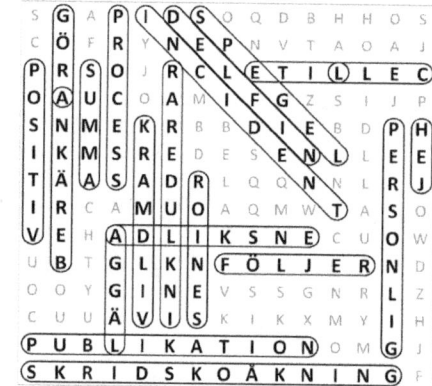

Puzzle 48

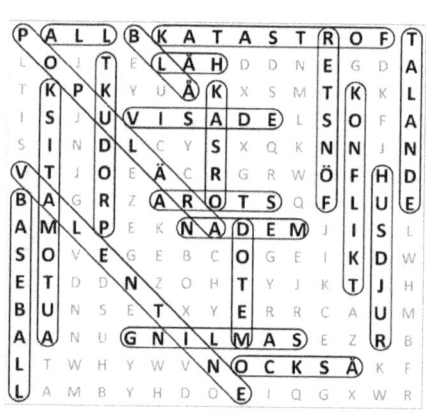

Puzzle 49

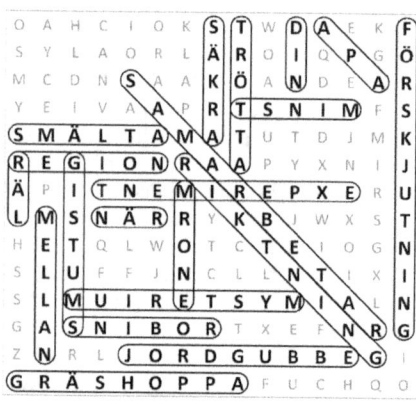

Puzzle 50

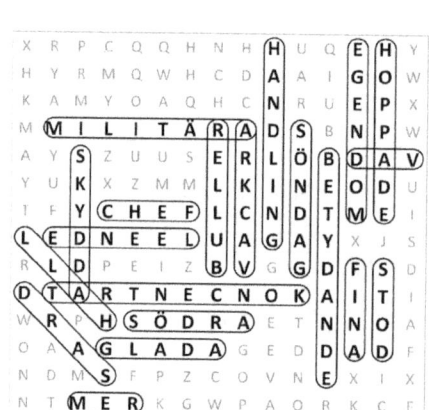

Puzzle 51

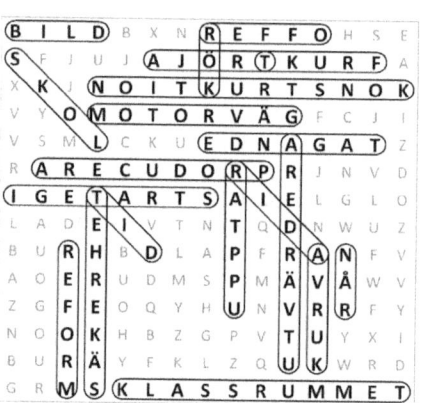

Puzzle 52

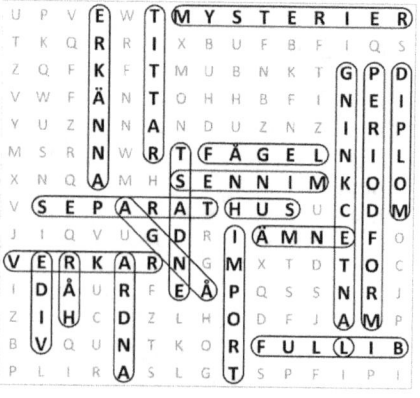

Puzzle 53

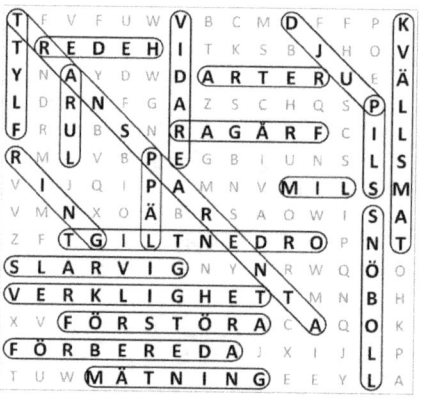

Puzzle 54

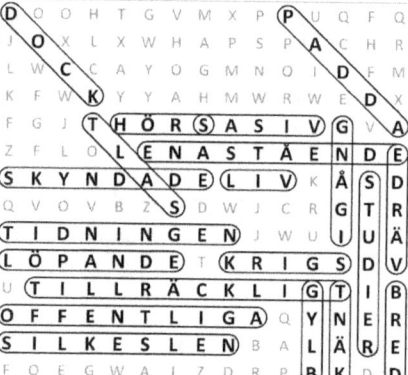

Puzzle 55

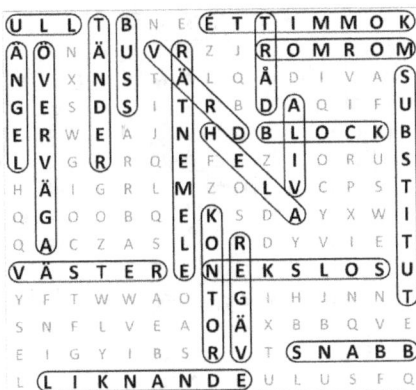

Puzzle 56

Puzzle 57

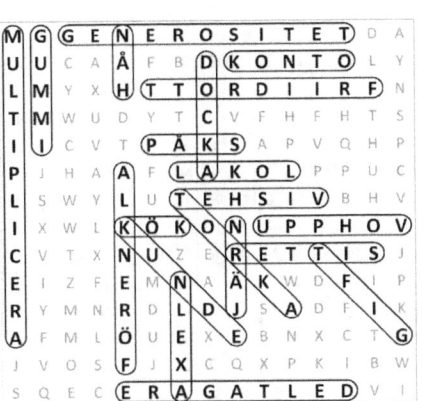

Puzzle 58

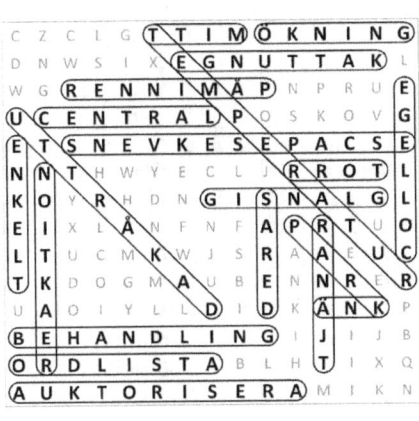

Puzzle 59

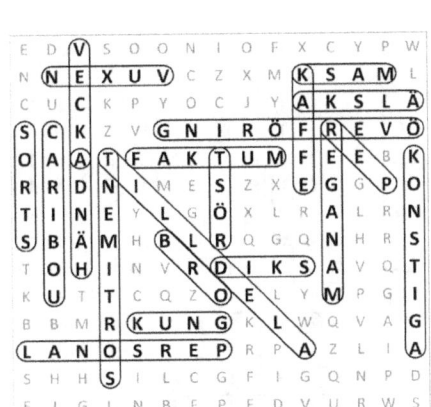

Puzzle 60

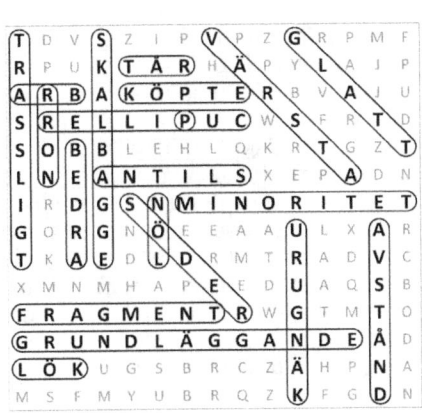

Puzzle 61

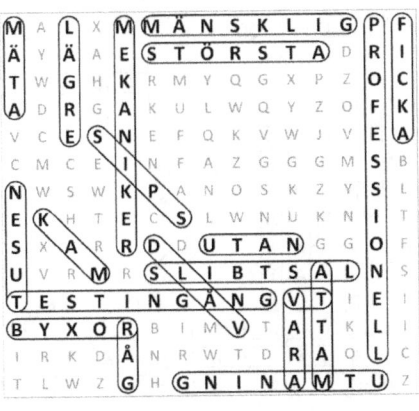

Puzzle 62

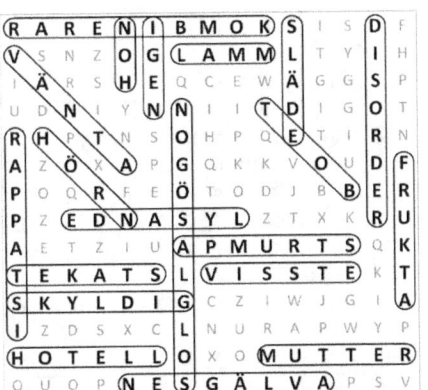

Puzzle 63

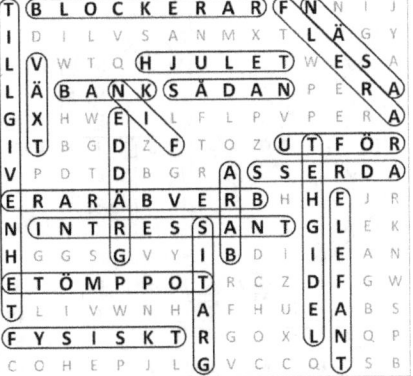

Puzzle 64

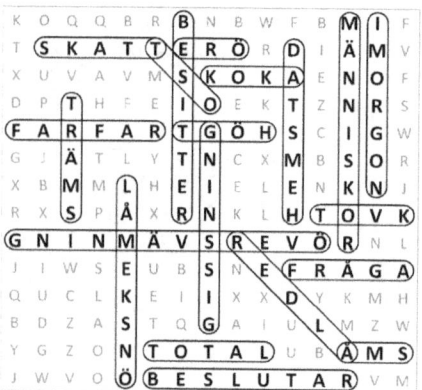

Puzzle 65

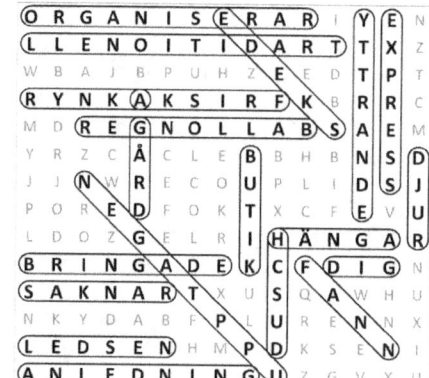

Puzzle 66

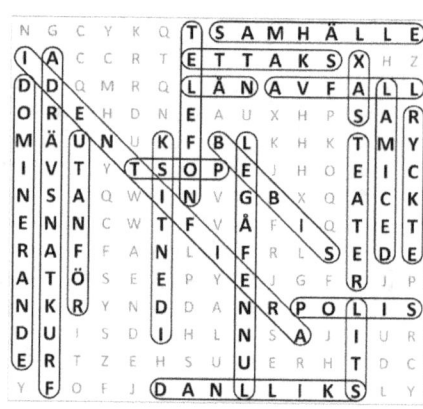

Puzzle 67

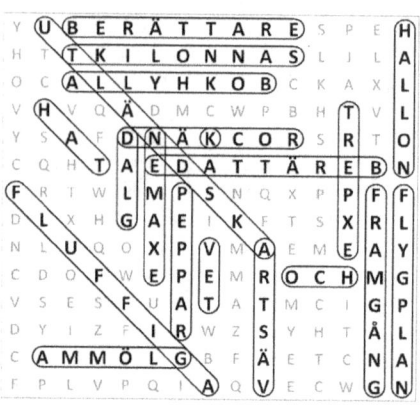

Puzzle 68

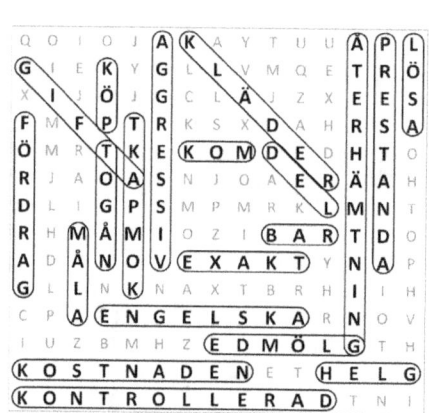

Puzzle 69

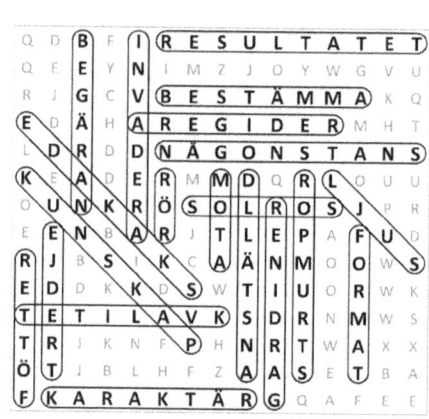

Puzzle 70

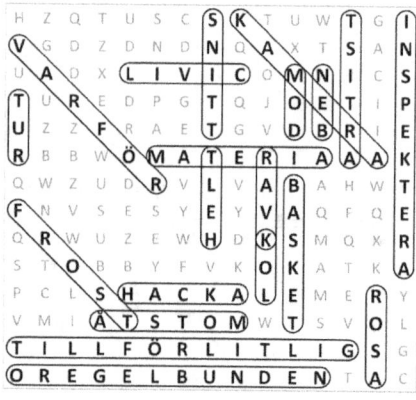

Puzzle 71

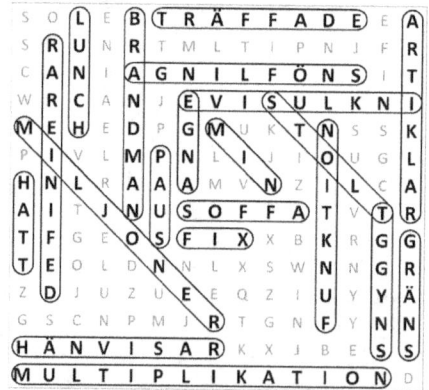

Puzzle 72

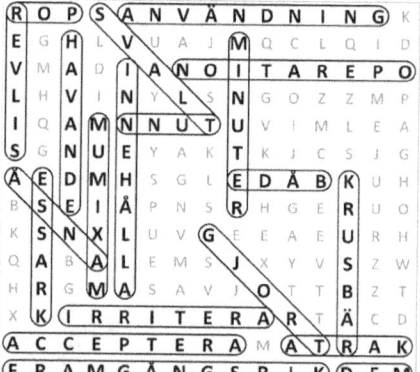

Puzzle 73

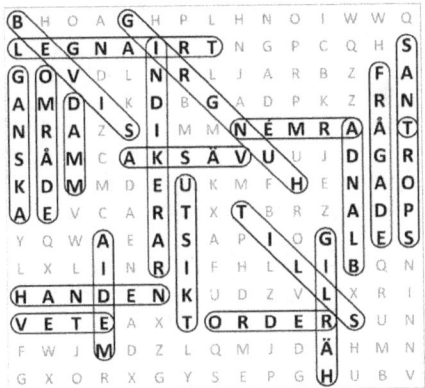

Puzzle 74

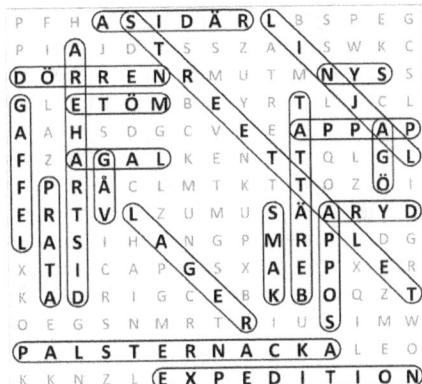

Puzzle 75

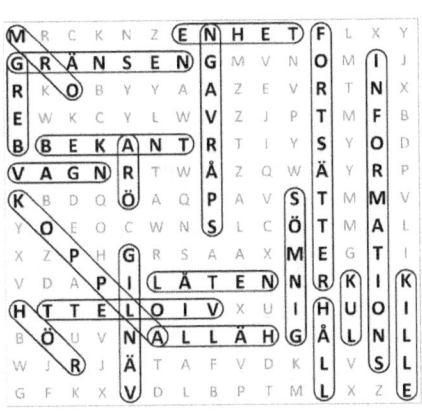

Puzzle 76

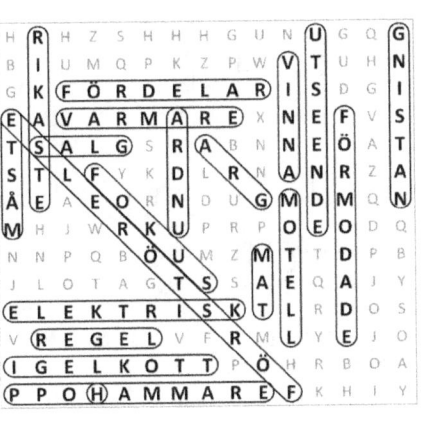

Puzzle 77

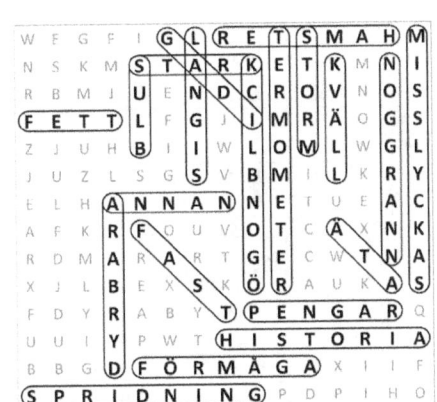

Puzzle 78

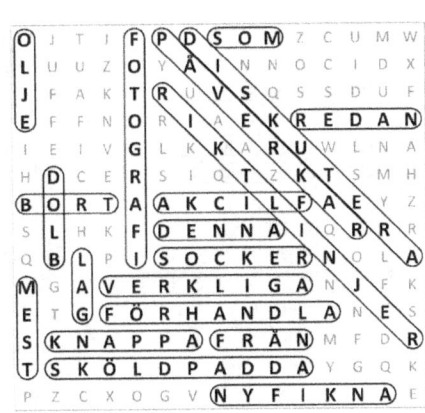

Puzzle 79

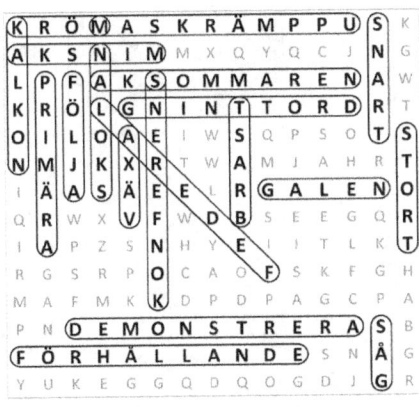

Puzzle 80

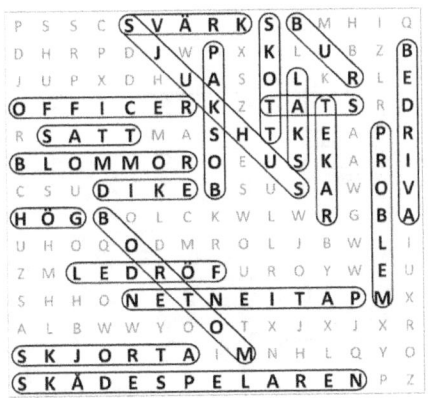

Puzzle 81

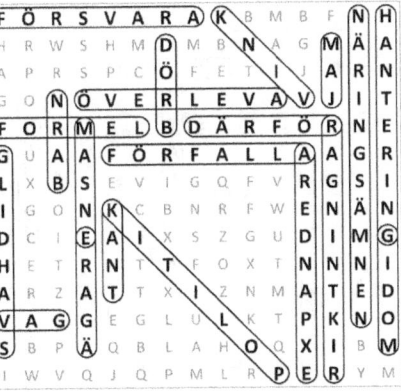

Puzzle 82

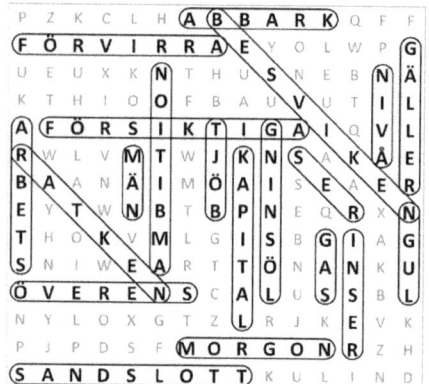

Puzzle 83

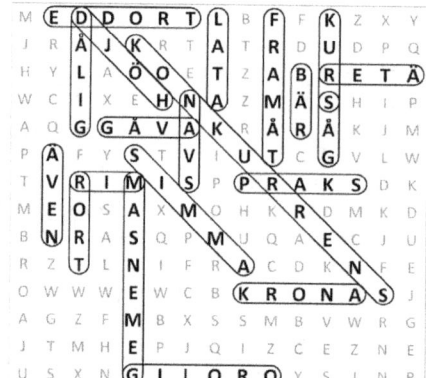

Puzzle 84

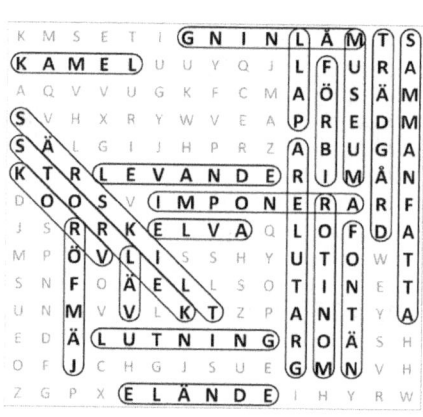

Puzzle 85

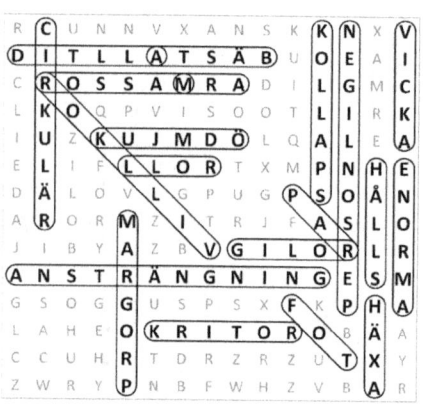

Puzzle 86

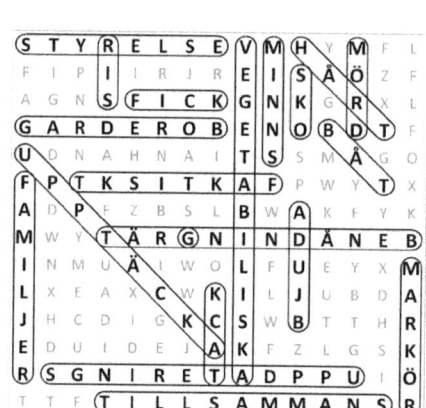

Puzzle 87

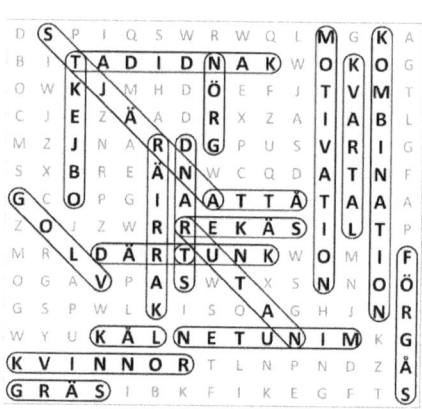

Puzzle 88

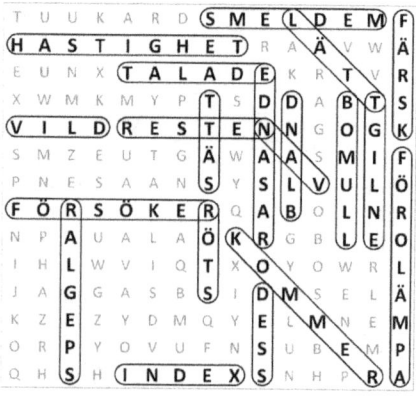

Puzzle 89

Puzzle 90

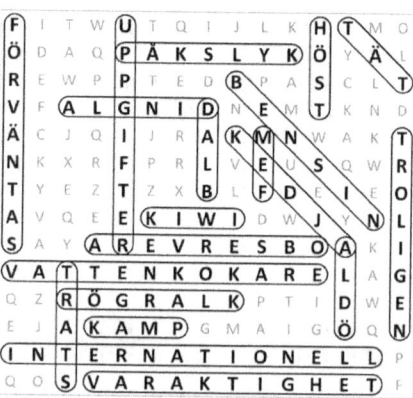

Puzzle 91

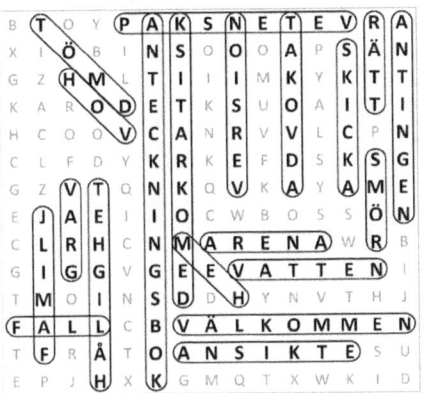

Puzzle 92

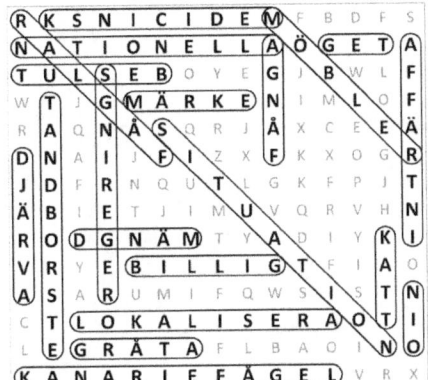

Puzzle 93

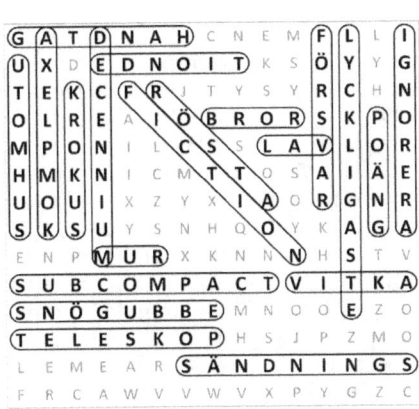

Puzzle 94

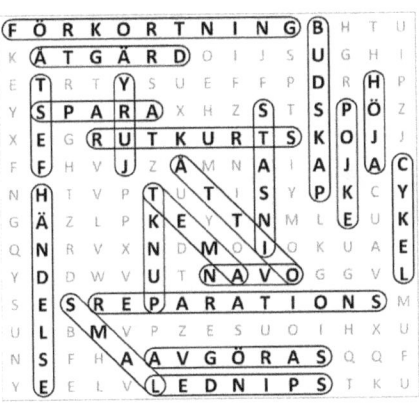

Puzzle 95

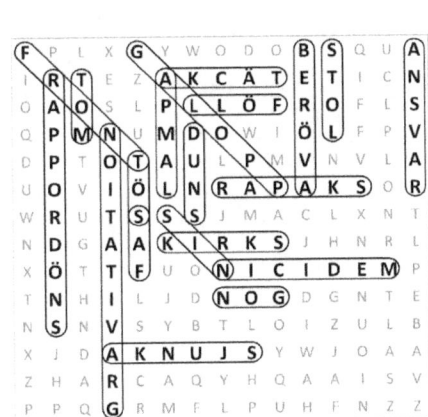

Puzzle 96

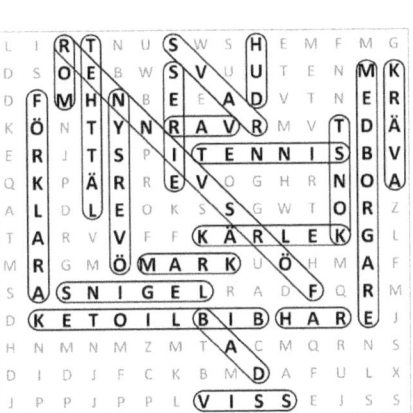

Puzzle 97

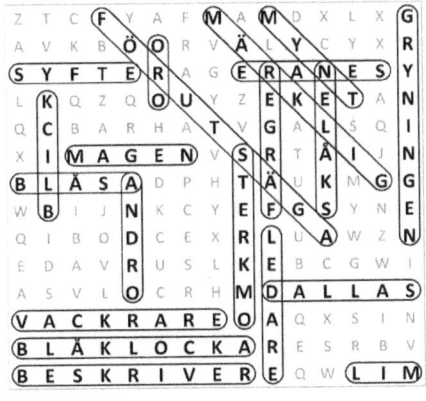

Puzzle 98

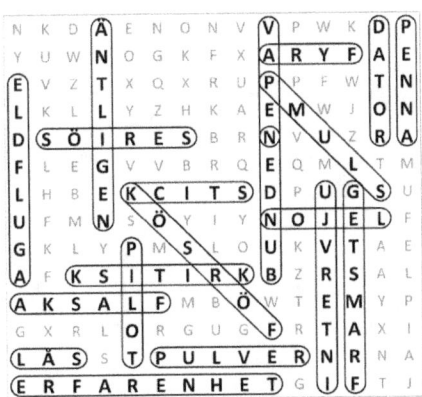

Puzzle 99

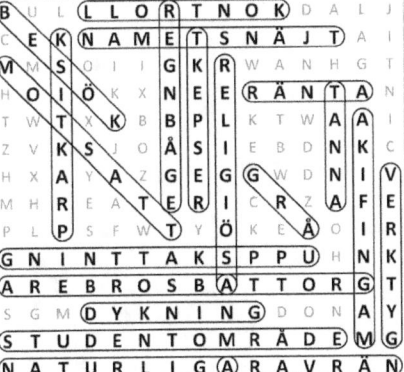

Puzzle 100

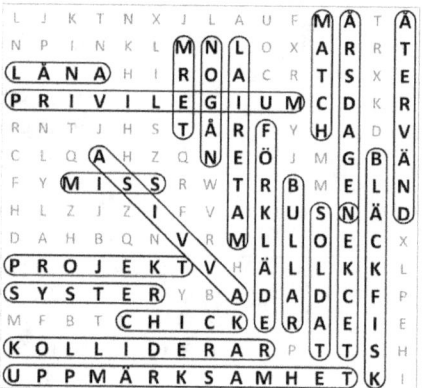

Congratulations

You made it!

We hope you enjoyed this book as much as we enjoyed making it. We do our best to make high quality games.

These puzzles are designed in a clever way to actively spark the brain and make it sharp and quick!
Did you love them?

A Simple Request

Our books exist thanks to the reviews you post on Amazon. Could you help us by leaving a review now?

Here is a short link which will take you to your Amazon orders review page.

BestBooksActivity.com/Review50

MONSTER CHALLENGE!

Challenge #1

Ready for Your Bonus Game? We use them all the time but they are not so easy to find. Here are **Synonyms**!

Note 5 words you discovered in each of the Puzzles noted below (#21, #36, #76) and try to find 2 synonyms for each word.

Note 5 Words from *Puzzle 21*

Words	Synonym 1	Synonym 2

Note 5 Words from *Puzzle 36*

Words	Synonym 1	Synonym 2

Note 5 Words from *Puzzle 76*

Words	Synonym 1	Synonym 2

Challenge #2

Now that you are warmed-up, note 5 words you discovered in each Puzzle noted below (#9, #17, #25) and try to find 2 antonyms for each word.
How many lines can you do in 20 minutes?

Note 5 Words from *Puzzle 9*

Words	Antonym 1	Antonym 2

Note 5 Words from *Puzzle 17*

Words	Antonym 1	Antonym 2

Note 5 Words from *Puzzle 25*

Words	Antonym 1	Antonym 2

Challenge #3

Wonderful, this monster challenge is nothing to you!

Ready for the last one? Choose your 10 favorite words discovered in any of the Puzzles and note them below.

1.	6.
2.	7.
3.	8.
4.	9.
5.	10.

Now, using these words and within a maximum of six sentences, your challenge is to compose a text about a person, animal or place that you love!

Tip: You can use the last blank page of this book as a draft!

Your Writing:

Explore a Unique Store
Set Up **FOR YOU!**

MEGA DEALS

BestActivityBooks.com/**TheStore**

Designed for **Entertainment!**

Light Up Your Brain With Unique **Gift Ideas**.

Access **Surprising** And **Essential Supplies!**

CHECK OUT OUR MONTHLY SELECTION NOW!

- Expertly Crafted Products -

NOTEBOOK:

SEE YOU SOON!

Delta Classics Team